ESQUIZOFRENIA, LA ENFERMEDAD DEL INCONSCIENTE

WAEL HIKAL

ESQUIZO FRENIA, LA ENFERMEDAD DEL INCONSCIENTE

Casos clínicos de los enajenados mentales

Las teorías de Freud y Lombroso en la explicación de la esquizofrenia

Flores Editor y Distribuidor

Wael Sarwat Hikal Carreón
waelhikal@hotmail.com
www.waelhikal.es.tl

SOCIEDAD MEXICANA DE CRIMINOLOGÍA
CAPÍTULO NUEVO LEÓN, A.C.
Eduardo Livás Villarreal No. 210
Nuevo Periférico, 66423
San Nicolás de los Garza,
Nuevo León, México
www.somecrimnl.es.tl
somecrimnlac@gmail.com

Flores Editor y Distribuidor, S.A. de C.V.
Calle Cuauhtémoc No. 1405, Col. Del Gas
C.P. 02950, Azcapotzalco, México, D.F.
Tels.: (55) 5556-0590 / Cel. (04455) 5436-7365
e-mail floreseditor@prodigy.net.mx

ISBN 978-607-7799-14-6

Imagen de portada: www.google.com (trastorno mental)

Acerca del autor

- Maestreando en Trabajo Social con Orientación en Proyectos Sociales (Becario del Consejo Nacional de Ciencia y Tecnología).
- Licenciado en Criminología con Acentuación en Prevención del Delito e Investigación Criminológica por la Universidad Autónoma de Nuevo León.
- Miembro de la Sociedad Internacional de Criminología. Presidente de la Sociedad Mexicana de Criminología Capítulo Nuevo León, A.C.
- Director de la *Revista Archivos de Criminología, Criminalística y Seguridad Privada.*

"No existe nada más difícil e incierto
de realizar que dirigir la introducción
de un nuevo orden de las cosas,
porque la innovación tiene como enemigos
a todos aquellos que han tenido éxito
en las condiciones anteriores, y por tibios
defensores a quienes pudieran tener éxitos
con las condiciones nuevas".

Nicolás MAQUIAVELO, *"El príncipe"*

Introducción

El atavismo se define como la aparición en un descendiente de características de un antepasado. El tema central de esta obra se refiere a la regresión que tiene un paciente esquizofrénico hacía su niñez con los comportamientos propios de la edad infantil; o lo que así establecen los expertos en el estudio de los infantes.

En el esquizofrénico existe la aparición de varios caracteres del pasado, de la no evolución. Este tema será analizado durante el primer capítulo y ampliado en los ulteriores. Posterior al análisis de diversos pacientes con psicosis y la observación de muchos niños, se ha elaborado este trabajo que pretende mostrar la similitud que existe entre los niños, los criminales y los esquizofrénicos, se emplean las teorías de César Lombroso sobre el atavismo y de Sigmund Freud sobre los mecanismos de defensa; que para este caso, será el de la regresión, además de las características del inconsciente. Se analizan los aspectos característicos de la esquizofrenia y se desglosan algunos de sus tipos; por ejemplo, se trata de la desorganización, de la paranoia, de la catatonía, así como de los delirios, las alucinaciones, la hiper y la hipoactividad, entre otros temas.

Punto importante en la obra es el conocer acerca del inconsciente y aquí se muestra ese proceso primario que conforma al inconsciente y que después de estudiarlo es algo sorprendente. Lo esencial es poder ver ambos aspectos; primero, el de la esquizofrenia; y segundo, el inconsciente, para posteriormente poder analizar y comparar a éstos, y así comprender la tríada de teorías y su relación: la de Lombroso, la de Freud y la del autor.

Contenido

Pág.

Pág.

Capítulo III

Capítulo IV

PRIMERA PARTE

ESQUIZOFRENIA:

"LA ENFERMEDAD DEL INCONSCIENTE"

Capítulo I

Atavismo Lombrosiano

Temario

1. Criminología y Psiquiatría.

1.1. Personalidad antisocial, disocial y esquizofrenia.

2. Producto de la concepción.

3. Factores que influyen en nuestro desarrollo.

3.1. Herencia, medio y aprendizaje.

4. La causalidad en la psicosis.

1. CRIMINOLOGÍA Y PSIQUIATRÍA

El origen de esta obra surgió una noche de guardia en un Centro Psiquiátrico en el que laboraba, fue un viernes en el que pasaba la noche cuidando a pacientes esquizofrénicos y con psicosis de menor gravedad. Días antes había estado leyendo partes del libro *Etiología de la esquizofrenia*[1] compilado por D. JACKSON, Jefe del Departamento de Psiquiatría de la Clínica Médica de Palo Alto, California. En éste se menciona a César LOMBROSO por sus estudios sobre la anatomía de los delincuentes a lo que él llamó "delincuente nato". De la misma manera en ese libro se hacía mención acerca de la anatomofisiología de los trastornados.

La lectura de ese libro me puso a pensar en la primera vez que se observó a los pacientes, y que a primera vista, se puede dar cuenta que comparten características físicas similares; por ejemplo, ojos saltones pero hundidos, frente y pómulos sobresalientes, esto se le comentó al Director del Centro y mencionó una llamada "facia psicótica", en la que

---

1 *V.* JACKSON, D., *Etiología de la esquizofrenia*, Amorrotortu, Buenos Aires, 2001.

se notan ciertas características físicas de los esquizofrénicos.

En los aspectos antropológicos, Lombroso comparaba a los delincuentes con seres primitivos que se dejaban guiar por sus instintos, para satisfacerse, robar, matar, violar, golpear, etc. Son seres atrapados en sus orígenes arcaicos, atrapados en la evolución que no alcanzaron.

En los orígenes de su teoría describe la crueldad que existe en los niños, en los animales y en las plantas; por ejemplo, los niños hacen críticas fuertes, golpean y en ocasiones no se dan cuenta del daño que hacen y existe la ausencia de remordimientos en ellos.[2] En los animales se da la equivalencia de lesiones, robo, homicidio, entre otros, y en las plantas se da el homicidio igualmente; es decir, en las carnívoras. Sin entrar en más detalle, los niños realizan actos no solamente crueles sino otros actos que parecen normales o considerados normales; es decir, la conducta infantil normal de la edad (que será descrita más adelante), y esto es porque son niños, no hay patología, pero en un adulto esto representa un trastorno grave de su personalidad.

Por lo anterior, se va a describir al paciente esquizofrénico como un ser encerrado en su pasado, en su niñez. Lombroso decía que los crimina-

2 *V.* Garófalo, Rafael, *La Criminología, estudio sobre la teoría de la represión y de la pena*, IB de F, Argentina, 2005.

les tenían características físicas compartidas y que eso predisponía a los sujetos a ser delincuentes. Se podría pensar que una persona con las características que postuló Lombroso, es un sujeto netamente criminal (frente resbaladiza y baja, gran desarrollo de los pómulos, irregularidades craneales, altura anormal del cráneo, orejas en forma de agarradera y mandíbula inferior muy desarrollada, falta de remordimiento, promiscuidad, tendencia a los excesos, entre otras).

1.1. Personalidad Antisocial, Disocial y Esquizofrenia

Tal vez parezca raro hacer mención de un tipo criminal general, ya que no todos los seres humanos con estas características serán o son delincuentes, pero sí se puede reconocer una similitud entre éstos. Se dice que las teorías lombrosianas están superadas; pero no del todo, ya que Lombroso señalaba ciertas características antropológicas en los inicios de su teoría, pero posteriormente incorporó nociones sociales y psicológicas de los criminales; ahora bien, algunas de estas características eran la falta de remordimientos, la crueldad, la inestabilidad, el uso de tatuajes y la incapacidad para sentir dolor, entre otras más, mismas que aparecen en el actual

Manual diagnóstico y estadístico de los trastornos mentales[3] de la Asociación Americana de Psiquiatría en el cual John GUNDERSON, Robert M.A. HIRSCHFELD, Roger BLASHFIELD, Susan FIESTER, Theodore MILLÓN, Bruce PFOHL, Tracie SHEA, Larry SIEVER y Thomas A. WIDIGER, quienes forman el Comité Elaborador, encargados del área de trastornos de la personalidad, explican lo siguiente:

> "La característica esencial del trastorno antisocial de la personalidad es un patrón general de desprecio y violación de los derechos de los demás, que comienza en la infancia o el principio de la adolescencia y continúa en la edad adulta.
>
> Este patrón también ha sido denominado psicopatía, sociopatía o trastorno disocial de la personalidad (...). Para que se pueda establecer este diagnóstico el sujeto debe tener al menos 18 años y tener historia de algunos síntomas de un trastorno disocial antes de los 15 años (...). Los sujetos con un trastorno antisocial de la personalidad no logran adaptarse a las normas sociales en lo que respecta al comportamiento legal. Pueden perpetrar repetidamente actos que son motivo de deten-

3. *V. Manual diagnóstico y estadístico de los trastornos mentales,* Texto revisado (DSM-IV-TR), Elsevier Masson, Barcelona, 2002.

ción (que puede o no producirse) como la destrucción de una propiedad, hostigar o robar a otros, o dedicarse a actividades ilegales. Las personas con este trastorno desprecian los deseos, derechos o sentimientos de los demás. Frecuentemente, engañan y manipulan con tal de conseguir provecho o placer personales (p. ej., para obtener dinero, sexo o poder). Pueden mentir repetidamente, utilizar un alias, estafar a otros o simular una enfermedad. Se puede poner de manifiesto un patrón de impulsividad mediante la incapacidad para planificar el futuro. Las decisiones se toman sin pensar, sin prevenir nada y sin tener en cuenta las consecuencias para uno mismo o para los demás, lo que puede ocasionar cambios repentinos de trabajo, de lugar de residencia o de amistades. Los sujetos con un trastorno antisocial de la personalidad tienden a ser irritables y agresivos y pueden tener peleas físicas repetidas o cometer actos de agresión (incluidos los malos tratos al cónyuge o a los niños) (…). Estos individuos también muestran una despreocupación imprudente por su seguridad o la de los demás. Esto puede demostrarse en su forma de conducir (repetidos excesos de velocidad, conducir estando intoxicado, accidentes múltiples). Pueden involucrarse en comportamientos sexuales o consumo de sustancias que tengan un alto riesgo de producir consecuencias perjudiciales. Pueden descuidar o abandonar el cuidado de un niño de forma que puede poner a ese niño en peligro.

Los sujetos con trastorno antisocial de la personalidad también tienden a ser continua y extremadamente irresponsables. El comportamiento irresponsable en el trabajo puede indicarse por períodos significativos de desempleo aun teniendo oportunidades de trabajar, o por el abandono de varios trabajos sin tener planes realistas para conseguir otro trabajo. También puede haber un patrón de absentismo no explicado por enfermedad del individuo o de un familiar. La irresponsabilidad económica viene indicada por actos como morosidad en las deudas y la falta de mantenimiento de los hijos o de otras personas que dependen de ellos de forma habitual. Los individuos con trastorno antisocial de la personalidad tienen pocos remordimientos por las consecuencias de sus actos. Pueden ser indiferentes o dar justificaciones superficiales por haber ofendido, maltratado o robado a alguien (p. ej., 'la vida es dura', 'el que es perdedor es porque lo merece' o 'de todas formas le hubiese ocurrido'). Estas personas pueden culpar a las víctimas por ser tontos, débiles o por merecer su mala suerte, pueden minimizar las consecuencias desagradables de sus actos o, simplemente, mostrar una completa indiferencia. En general, no dan ninguna compensación ni resarcen a nadie por su comportamiento. Pueden pensar que todo el mundo se esfuerza por "servir al número uno" y que uno no debe detenerse ante nada para evitar que le intimiden".[4]

Así mismo, es indispensable señalar que las características anteriores se sintetizan en los "componentes de la personalidad antisocial", que son: **1)** Egocentrismo; **2)** Agresividad; **3)** Indiferencia afectiva; y **4)** Labilidad. De acuerdo con Jean PINATEL, "estas categorías no pueden valorarse aisladamente porque ninguna es anormal por sí misma, sino que es la combinación de todas lo que da carácter particular a la personalidad.

a) El *egocentrismo* es la tendencia individual a la auto-referencia afectiva, intelectual y social. Esta característica aparece pronunciada en los niños hasta los ocho años y la vida social puede fomentarla o disminuirla;

b) La *labilidad* es esencialmente falta de inhibición, ligereza e imprevisibilidad, abandono a la impresión del momento, ausencia de reflexión sobre las consecuencias que tienen nuestros actos;

4 *Cfr. Manual diagnóstico y estadístico de los trastornos mentales, Op. cit.*, pp. 784 y 785.

c) La *agresividad* es el dinamismo combativo que hace capaz al sujeto de no dejarse desviar de su objetivo por dificultades y obstáculos; es la afirmación de sí mismo; y

d) La *indiferencia afectiva* es la ausencia de emociones e inclinaciones altruistas, o de simpatía hacia los demás".[5]

Respecto al comportamiento antisocial en los menores, éste se conoce diagnósticamente como trastorno disocial, dentro del Comité Elaborador en *Manual diagnóstico y estadístico de los trastornos mentales,* los encargados del área son: David Shaffer, Magda Campbell, Susa Bradley, Dennis Cantwell, Gabrielle Carlson, Donald Jay Cohen, Barry Garfinkel, Rachel Klein, Benjamin Lahey, Rolf Loeber, Jeffrey Newcorn, Rhea Paul, Judith Rapoport, Michael Rutter, Fred Volkmar y John Werry, del grupo de trabajo para los trastornos de inicio en la infancia, la niñez o la adolescencia, y explican lo siguiente:

> "La característica esencial del trastorno disocial es un patrón de comportamiento persistente y repetitivo en el que se violan los derechos básicos de los otros o importantes normas sociales adecuadas a la edad del sujeto. Estos

5 *Apud.* González Vidaurri, Alicia y Sánchez Sandoval, Augusto, *Criminología*, 2a. ed., Porrúa, México, 2008, pp. 95 y 96.

comportamientos se dividen en cuatro grupos: comportamiento agresivo que causa daño físico o amenaza con él a otras personas o animales, comportamiento no agresivo que causa pérdidas o daños a la propiedad, fraudes o robos y violaciones graves de las normas. (...) El trastorno de comportamiento provoca deterioro clínicamente significativo de la actividad social, académica o laboral. El trastorno disocial puede diagnosticarse en individuos mayores de 18 años, pero sólo si cumplen los criterios de trastorno antisocial de la personalidad. El patrón de comportamiento suele presentarse en distintos contextos como el hogar, la escuela o la comunidad. (...)

Los niños o adolescentes con este trastorno suelen iniciar comportamientos agresivos y reaccionar agresivamente ante otros. Pueden desplegar un comportamiento fanfarrón, amenazador o intimidatorio; iniciar peleas físicas frecuentes; utilizar un arma que puede provocar daño físico grave (p. ej., bate, ladrillo, botella rota, navaja, o pistola); robar enfrentándose a una víctima (p. ej., ataque con violencia, arrebatar bolsos, extorsión o robo a mano armada); o forzar a otro a una actividad sexual. La violencia física puede adoptar la forma de violación, asalto o, en raros casos, homicidio.

La destrucción deliberada de la propiedad de otras personas puede incluir prender fuego deliberadamente con la intención de provocar daños graves o destruir deliberadamente la propiedad de otras personas de distintos modos (p. ej., romper vidrios de automóviles, vandalismo en la escuela).

Los fraudes o robos son frecuentes y pueden incluir el violentar el piso, la casa o el automóvil de otra persona; a menudo los sujetos mienten o rompen promesas con el fin de obtener bienes o favores, o evitar deudas u obligaciones (…); o roban objetos de cierto valor sin enfrentamiento con la víctima (p. ej., robos en tiendas, falsificaciones).

Los sujetos que presentan este trastorno incurren también en violaciones graves de las normas (p. ej., escolares, familiares). Los niños con este trastorno antes de los 13 años de edad, permanecen fuera de casa en horas nocturnas a pesar de las prohibiciones de sus padres. Pueden existir fugas de casa durante la noche. (…). Los niños con este trastorno pueden hacer novillos en la escuela con frecuencia, iniciándolos antes de los 13 años de edad. En sujetos mayores, este comportamiento se manifiesta con frecuencia con ausencias del trabajo sin razones que lo justifiquen".[6]

Las características anteriores se observan en niños y adolescentes con simples conductas de hiperactividad, o los sujetos que gustan de molestar a sus compañeros, difamarles, golpearlos, robarles objetos personales, rayar las paredes (en los baños, en el salón, en lugares ajenos), golpear objetos que encuentran en la calle, alcoholizarse en exceso, drogarse, maldecir, robar pequeñas cosas en tiendas o a sus familiares, relaciones sexuales promiscuas (sobre todo por el inicio de la pubertad y el deseo de tener liderazgo y experiencia antes que los demás), maltrato con los animales, crueldad, entre un sinfín de expresiones destructivas. Basta observar los últimos hechos criminales donde los menores de edad cometen violaciones a otros menores, se drogan, matan, lesionan gravemente, venden drogas, portan armas de fuego o cortantes (o punzocortantes), en las que parece que la criminalidad más grave y peligrosa cada vez comienza a ser adquirida a menor edad.

Así, podemos notar la influencia que ha tenido Lombroso en la Psiquiatría, y es en base a estos mismos estudios en los que se ha basado esta obra titulada: *Esquizofrenia, la enfermedad del inconsciente*. Las características diagnósticas mostradas anteriormente, serán comparadas posteriormente cuando se describa la esquizofrenia.

---

6 *Cfr. Manual diagnóstico y estadístico de los trastornos mentales*, *Op. cit.*, pp. 107 y 108.

Aplicado todo lo anterior a la Psiquiatría, Lombroso estableció que los criminales pueden tener similitudes físicas; y a partir de eso, se han hecho observaciones acertadas sobre otras similitudes con personas con ciertas anomalías; por ejemplo, la Psicología buscó el parecido anatómico de un enfermo con otro, y dio resultados positivos, basta leer un libro de Psicología del Desarrollo[7] y ver las imágenes que en ocasiones se muestran sobre las anomalías físicas externas de ciertos niños, así se puede ver que los niños con síndrome de *Down* (estatura baja, cabeza redondeada, frente alta y aplanada, y lengua y labios secos) comparten características físicas y psíquicas, con síndrome de alcoholismo fetal (ojos muy separados, nariz aplanada y el labio superior subdesarrollado) igual; entonces: ¿se podrá llegar a una descripción física de los esquizofrénicos? de hecho, los estereotipos es lo que persiste en la actualidad; por ejemplo, se identifica a alguien por su apariencia; igualmente, se reconoce a un grupo por su físico: los drogadictos comparten características físicas, la mayoría de los homosexuales también, los criminales, los vándalos, entre muchos otros más.

Sobre lo anterior, la policía sale a las calles a buscar "tipos" de delincuentes, rara vez se acercarán con una persona bella a revisarla por parecer

7 *V.* Shaffer, David F., *Psicología del desarrollo*, *Infancia y adolescencia*, 5a. ed., Internacional Thomson, México, 1999, p. 85.

sospechosa, a menos que sea alguien muy llamativo que pudiera dar a dudar sobre crimen organizado.

Para la realización de este estudio, se tuvo la oportunidad de estar en contacto directo con pacientes psiquiátricos, se pudo observar y describir sus comportamientos, desde los muy tranquilos aparentemente hasta los desorganizados y extraños. Siendo estudiante de Licenciatura en Criminología, se lleva la materia de Psiquiatría Forense por los delitos que pueden llegar a cometer los pacientes psiquiátricos, y además se tuvo la oportunidad de adelantarse un semestre antes de llevarla y trabajar con pacientes esquizofrénicos, los cuales en un principio causaron miedo por su *facia*, por sus ideas, por su violencia espontánea, su inestabilidad, su labilidad, su egocentrismo, su comenzar riñas por motivos irreales y delirantes, así como su extrema fuerza y brutalidad, pero que con el paso del tiempo, estas conductas pasan a ser normales dentro de esa pequeña colectividad psicótica. Ahora este material ha sido corregido y será modificado en las siguientes ediciones con la experiencia lograda.

En las siguientes páginas se van a relatar vivencias dentro de esta clínica en la que se laboró, manteniendo siempre la privacidad de las identidades de los pacientes y sólo refiriéndose a sus conductas. Estas líneas sirven para describir lo que se consideró una explicación breve de la esquizofrenia; enfermedad, que es por demás mortal, ya que afecta a los individuos en sus etapas más productivas de la vida, impidiéndoles realizar actividades de la vida diaria y común que cualquier otra persona realiza y que no sólo afecta al individuo psiquiátrico sino a sus familiares que lo tendrán que cuidar y mantener hasta el último de sus días, el problema aquí es: ¿cuánto tiempo pueden sobrevivir los familiares al paciente?, ¿por cuánto tiempo el sujeto tendrá quién lo cuide?

1.2. Producto de la Concepción

Como ya se mencionó, esta obra se desarrolló en una guardia nocturna, aquella noche después de dar los medicamentos, se cobijó a algunos pacientes y después de vigilar que estuvieran tranquilos, el autor se dispuso a revisar los apuntes del trabajo *Criminología Psicoanalítica, Conductual y del Desarrollo* ahora materializada como libro[8] que en uno de sus capítulos trata sobre las teorías de Sigmund FREUD. Se leyó acerca de su vida, para luego continuar con el aparato psíquico, durante la lectura se notaba cómo el inconsciente es de gran estudio

8 *V.* HIKAL, Wael, *Criminología Psicoanalítica, Conductual y del Desarrollo*, Flores Editor y Distribuidor, México, 2009.

en la teoría psicoanalítica, así como de los mecanismos de defensa, en especial el de la regresión, y esto fue dando forma a este estudio.

En días anteriores a la lectura del primer texto mencionado, se dio lectura a otros textos; en especial, a los referentes a la etiología de la conducta o de ese conjunto de conductas que forman la personalidad, siendo la psicosis un estilo de vida, previo al desarrollo de ésta debió seguirse un rumbo con diversos factores que influyen en el comportamiento, así, se atiende a factores sociales, familiares, biológicos y psicológicos.

1.3. Factores que Influyen en Nuestro Desarrollo

El recién nacido es empujado a la actividad por sus necesidades corporales: necesidades de aire, alimentación, eliminación, temperatura cómoda y sobre todo, sueño. Todas estas necesidades son raíces de lo que los psicólogos denominan motivación. Pero los motivos se hacen más complejos a medida que el individuo crece, y los psicólogos y criminólogos desarrollistas estudian cómo se adquieren, lo fuertes que son y la forma en que las personas se alejan de ellos. Algunos individuos se adaptan a sus modelos culturales, pero otros se rebelan: algunos individuos se conforman con hábitos de trabajo y tienen altos fines que alcanzar, mientras que otros son más conformistas; algunos son competidores y agresivos, otros autodestructivos.

Se puede comprender gran parte de la conducta humana mediante el conocimiento del curso de su desarrollo. Dos principios se ponen de manifiesto al estudiar el desarrollo humano; uno es el crecimiento del cuerpo y del sistema nervioso que siguen ciertos modelos de raíces biológicas, lo cual se refleja en el concepto de maduración del organismo según unas características dadas (heredadas). El otro es que el organismo maduro es también producto del aprendizaje. En el ser humano, este aprendizaje es en parte producto de la vida social, así como de su cultura; de aquí que, al estudiar el desarrollo humano, estamos interesados en el proceso de socialización, esto es, en las formas en que el niño sobreviene en persona urbana.

José BUENDÍA apunta que: "el análisis causal de los procesos de desarrollo y de los resultados de estos procesos de desarrollo tiene dos características importantes; por una parte, el desarrollo es esencialmente un proceso histórico en un tiempo (...); por otra parte, el desarrollo es raramente el resultado de un solo factor o de un solo proceso. Está determinado por una multitud de factores y una multitud de mecanismos que interaccionan entre ellos. La complejidad metodológica para analizar el proceso de desarrollo tiene difícil acceso por la complejidad y la multiplicidad de factores que participan en esta interacción”.[9]

1.3.1. Herencia, Medio y Aprendizaje

Un tema básico en el desarrollo y en el estudio de los factores causales de la criminalidad son la herencia, el medio y el aprendizaje. Determinar la influencia de uno u otro en la conducta de los seres humanos son preguntas constantes: cómo poder distinguir entre las causas ambientales del comportamiento; es decir, la influencia de padres, hermanos, familia, amigos, educación, alimentación y el resto de las experiencias a las que se expone un sujeto, y las causas hereditarias basadas en el conjunto genético de un individuo y que influyen en el crecimiento durante la vida. Así mismo, el aprendizaje por observación.

Robert Feldman define que ambiente es: “la influencia sobre el comportamiento que se da en el mundo que nos rodea, familia, amigos, escuela, alimentación y muchos factores más”. Por otra par-

---

9 *Cfr*. Buendía, José, *Envejecimiento y Psicología de la Salud*, Siglo Veintiuno, Madrid, 1994, p. 35.

te, herencia es: "influencias en el comportamiento transmitidas genéticamente de padres a hijos".[10]

Aun cuando mucho se discute sobre el predominio de uno sobre el otro, la Criminología está de acuerdo en que ambos, tanto la herencia como el medio, interactúan para producir patrones específicos de desarrollo. No puede haber alguien que crezca sin haber sido influido por el ambiente, como tampoco se desarrolla sin haber sido influido por su herencia genética. A pesar de ello, el debate sobre la influencia relativa de los dos factores continúa, con enfoques diferentes y teorías del desarrollo que hacen hincapié en el ambiente o en la herencia en mayor o menor grado.

Respecto al aprendizaje, éste es un proceso mediante el cual nuestras experiencias producen cambios relativamente permanentes en nuestros sentimientos, pensamientos y comportamientos. La mayor parte de nuestras capacidades y habilidades no se desarrollan simplemente como parte del gran plan de la naturaleza; a menudo aprendemos a sentir, pensar y comportarnos en formas nuevas a partir de nuestras observaciones e interacciones con padres y otras personas importantes en nuestras vidas, así como acontecimientos que experimentamos. El pensamiento y la resolución de problemas uti-

10 *Cfr.* FELDMAN, Robert S., *Psicología, con aplicaciones para Iberoamérica*, 2a. ed., McGraw-Hill, México, 1996, p. 341.

lizan de lo que hemos aprendido y; por lo tanto, proporcionan las ocasiones para un nuevo aprendizaje. Las relaciones entre el aprendizaje y el pensamiento, plantean gran número de problemas a la investigación criminológica.

En resumen, la Criminología asume una posición interaccionista en el debate herencia-medio-aprendizaje, sugiriendo que una combinación de predisposición genética y de influencias ambientales es lo que produce el desarrollo.

1.4. La Causalidad en la Psicosis

Se considera que los seres primitivos, los niños, los delincuentes y los enfermos mentales tienen características en común. Al buscar una explicación a las esquizofrenias, el campo se cierra en esta obra a las causas sociales, familiares y hereditarias. En entrevistas con diversos pacientes, se les preguntaba si habían tenido un familiar que hubiera padecido esquizofrenia anteriormente, con lo que se obtuvo muchas respuestas afirmativas; en algunas ocasiones, por la calidad desrrealizada (fuera de la realidad, el espacio, el tiempo «pasado, presente y futuro») era difícil obtener respuestas de algunos.

Con lo anterior se dio cuenta que las esquizofrenias son en cierta parte hereditarias, lo cual se comprobó en el momento que se estudió Psiquiatría Forense. Otro dato que se obtuvo durante las entrevistas era que los pacientes provenían de familias en las que los regaños y humillaciones eran frecuentes, así como los gritos, las groserías, los golpes, los descuidos o por el contrario, las chiflasones a los niños eran recurrentes.

También se pudo dar cuenta de las presiones que había sobre ellos por parte de la carga académica de la escuela, la falta de trabajo, obesidad, entre otras cosas. Todas estas presiones condujeron a lo que ahora son: "pacientes con diagnóstico de esquizofrenia". Es de gran importancia el papel que desempeña la interacción entre la herencia, el medio y la familia.

Capítulo II

Esquizofrenia y el Inconsciente Dominante

"La evolución de la especie la debemos
a la fuerza rectora de la naturaleza,
cuando ésta se niega a la evolución, detiene al individuo
y hace sufrir a la mente junto con el cuerpo".

Shakespeare

Temario

1. Origen del enfoque atávico.

2. La Esquizofrenia.

- **2.1.** Conciencia: estado de vigilia.
- **2.2.** Afectividad: tono de sensación emocional.
- **2.3.** Conducta motora: capacidad de iniciar una acción o descarga motora, que afecta los esfuerzos básicos de un individuo expresados a través de su conducta.

2.4. Pensamiento: flujo de ideas, símbolos y asociaciones dirigidas a un fin, que se inician por un problema o tarea y conducen a una conclusión orientada hacia la realidad; cuando se produce una secuencia lógica, el pensamiento es normal.

2.5. Percepción: conocimiento de los objetos y relaciones que siguen a una estimulación de los órganos de los sentidos.

2.6. Memoria: función por la cual la información almacenada en el cerebro se recuerda después conscientemente.

2.7. Inteligencia: capacidad de comprender, recordar, movilizar e integrar de manera constructiva el aprendizaje anterior, al enfrentarse con nuevas situaciones.

3. El sistema inconsciente.

4. Esquizofrenia y el inconsciente dominante.

1. ORIGEN DEL ENFOQUE ATÁVICO

Cuando se ingresó a la labor de enfermería en aquel Centro Psiquiátrico, se quiso aplicar la Psicología del Desarrollo para encontrar las causas de la esquizofrenia, con el tiempo sólo se determinó lo ya dicho anteriormente sobre la herencia y los demás factores; además de determinar su diagnóstico, pero después se miró el problema combinando las perspectivas lombrosianas y freudianas para dar sólo una breve explicación a este trastorno. Labor que resulta por demás difícil para un Criminólogo, pues, cómo explicar la catatonía, la desorganización, cómo reordenar a los desorganizados, cómo hacer hablar o reaccionar a un catatónico, cómo entenderle a un autista, es complicado.

En algunas clases de Psicología Anormal y en otras de Psiquiatría Forense, en ocasiones surgía el tema de la evolución de los niños y cómo se van dando cuenta de su identidad, se ponía el ejemplo de la niña que de cierta edad dice: "yo soy Blanca Nieves", ese "yo soy" causa extrañeza si se analiza profundamente, no todos llegan al análisis porque parece muy normal a esa edad. Se nota que después ese "yo soy", pasa a ser: "yo me visto como Blanca Nieves", "quiero el vestido de la Blanca Nieves"; entonces, ya se está en una edad en la que se distingue la identidad propia de la de otros, así como ya se diferencian los objetos reales de los fantasiosos;

por ejemplo, "yo soy él" o "yo soy ella"; es decir, otro personaje.

Si lo anterior; es decir, si la evolución de la percepción de los niños es de origen biológico, entonces, es observable, si esto es así, sería interesante hacer un estudio fisiológico de los procesos internos de los niños en lo que respecta a su desarrollo cerebral, si el cerebro va cambiando, va proporcionando más habilidades e inteligencia, así se puede entender lo que LOMBROSO decía, que hay seres que no evolucionan su pensamiento ni sus actos. Si esto tiene bases fisiológicas, entonces se pueden hacer estudios a los cerebros de esquizofrénicos y ver si sus cerebros están evolucionados o están igual que los de un niño. Tal vez esto ya se haya realizado con anterioridad, pero aun así, es curioso el dato a investigar.

La explicación a la esquizofrenia se comenzó relacionando los fenómenos del delincuente, la desrealización de los niños y el inconsciente. Señala FREUD que cuando se nace, nuestra persona está dominada por el inconsciente, por ese proceso primario, se puede observar a un bebé, ¿qué es lo que hace? duerme, llora, come, exige, demanda, para él no hay tiempo ni espacio, sólo existe él, es egocéntrico social y afectivo, no le importa la hora, él debe comer, debe dormir y se podría pasar varios renglones describiendo lo que hace y se puede hacer una comparación de él con el inconsciente.

En el bebé aún no hay un preconsciente que sirva de filtro ni un consciente que se adapte a la realidad. Se puede observar también, volviendo al ejemplo de Blanca Nieves, no hay distinción de la realidad: "yo soy" (aunque no lo sea). El inconsciente busca su satisfacción y no reconoce límites, del mismo modo se observa cómo los niños en edad más avanzada hablan solos, tienen amigos imaginarios que les contestan y que ellos ven, tienen poderes e infinidad de cosas que su inconsciente les expresa y proyectan al exterior.

En un principio se habló de Lombroso y su teoría del delincuente nato, que es un sujeto no evolucionado, partiendo de esa teoría, en la que Lombroso dice que los criminales son como los niños, ahora se va a explicar lo mismo pero con respecto a los esquizofrénicos. Este punto de comparación se explicará más detalladamente y con ejemplos. Los niños, los esquizofrénicos y los delincuentes comparten muchas características.

2. LA ESQUIZOFRENIA

Antes de dar avance al tema, es necesario definir los conceptos claves referentes a la esquizofrenia y al inconsciente. Será muy difícil entender si antes no se explica por ejemplo qué es una alucinación y una idea delirante, así como la atemporalidad y la no aceptación de contradicción. Primeramente se definirá lo que es esquizofrenia[11] y luego sus síntomas, siendo éstos muy variados y complicados, pero se tratará de ser breve, incluyendo los más comunes que se pueden observar para no exceder los límites de este trabajo.

La esquizofrenia abarca un grupo de trastornos graves, que normalmente se inician en la adolescencia. Los síntomas son las agudas perturbaciones del pensamiento, la percepción y la emoción que afectan a las relaciones con los demás, unidos a un sentimiento perturbado sobre uno mismo y a una pérdida del sentido de la realidad que deteriora la adaptación social.

La psicosis es un trastorno que comprende alteraciones en la percepción, el pensamiento o la conciencia. Los trastornos esquizofrénicos son un subgrupo de las psicosis y el grupo que tiene los impactos más severos tanto en la vida de las personas como en el sistema de salud mental.

Eugen Bleuler derivó el nombre de la enfermedad de su concepto de "escisión". La iniciativa está escindida en una variedad de potencialidades equivalentes y la persona está entonces escindida

11 *V.* Sarason, Irwin y Sarason, Bárbara, *Psicología Anormal, El problema de la conducta inadaptada*, 7a. ed., Prentice Hall, México, 1996, p. 355.

de la realidad; los pensamientos y las asociaciones están fragmentados y desprovistos de significado; la afectividad no es ya adecuada ni apropiada a la situación.

Los síntomas de la esquizofrenia no aparecen de manera simultánea, afectan a las áreas del pensamiento, las percepciones, los sentimientos, los movimientos y las relaciones interpersonales. Las alteraciones del pensamiento se traducen en la incapacidad para establecer conexiones lógicas, o en la aparición de delirios. Las alucinaciones son la principal alteración de la percepción, y las más frecuentes son las auditivas: el paciente oye sus propios pensamientos en voz alta, o escucha voces imaginarias que le ordenan realizar ciertos actos, o realizan comentarios. Las reacciones emocionales son frías o inapropiadas.

Los primeros síntomas de la esquizofrenia suelen aparecer antes de la edad adulta: los primeros episodios acontecen durante la adolescencia o al principio de la edad adulta, y se continúan con episodios sucesivos. Se van deteriorando la capacidad laboral y las relaciones sociales, y el paciente es cada vez más dependiente de los demás, a la vez pueden manifestarse cualesquiera de los síntomas indicados previamente.

La degradación tan profunda que produce la esquizofrenia no puede ser descrita en términos de la simple enumeración de sus síntomas: se trata del trastorno mental más devastador. A pesar de que el discurso incoherente y el comportamiento extravagante de los pacientes pueden resultar cómicos en ocasiones, existe un conflicto interior que es una fuente de tormento. El paciente vive con la angustia de ser incapaz de controlar sus propios pensamientos y de obedecer a unas órdenes que proceden del exterior, tiene una visión distorsionada de la realidad que le aísla de los demás. Todo ello hace de esta enfermedad uno de los procesos más incapacitantes para el individuo.

La esquizofrenia puede ser diagnosticada de acuerdo con varios síntomas, a saber de manera detallada en base al *Manual diagnóstico y estadístico de los trastornos mentales*:[12]

"Las características esenciales de la esquizofrenia son una mezcla de signos y síntomas peculiares (tanto positivos como negativos) que han estado presentes una parte significativa de tiempo durante un período de un mes (o durante un tiempo más breve si ha habido tratamiento con éxito) y con algunos signos del trastorno que han persistido durante al menos seis meses (…). Estos signos y síntomas están asociados a una marcada disfunción social o laboral (…). La alteración no es explicable por un trastorno esquizoafectivo o un trastorno del

12 *Cfr. Manual diagnóstico y estadístico de los trastornos mentales*, *Op. cit.*, pp. 334-339.

estado de ánimo con síntomas psicóticos y no es debida a los efectos fisiológicos directos de alguna sustancia o a una enfermedad médica (...). En sujetos con un diagnóstico previo de trastorno autista (u otro trastorno generalizado del desarrollo) el diagnóstico adicional de esquizofrenia sólo es pertinente si hay ideas delirantes o claras alucinaciones presentes durante al menos un mes (...). Los síntomas característicos de la esquizofrenia implican un abanico de disfunciones cognoscitivas y emocionales que incluyen la percepción, el pensamiento inferencial, el lenguaje y la comunicación, la organización de comportamiento, la afectividad, la fluidez y la productividad del pensamiento y el habla, la capacidad hedónica, la voluntad y la motivación y la atención. Ningún síntoma aislado es patognomónico de la esquizofrenia: el diagnóstico implica el reconocimiento de una constelación de signos y síntomas asociados a un deterioro de la actividad laboral o social.

Los síntomas característicos (...) pueden conceptualizarse como pertenecientes a dos amplias categorías: los positivos y los negativos. Los síntomas positivos parecen reflejar un exceso o distorsión de las funciones normales, mientras que los síntomas negativos parecen reflejar una disminución o pérdida de las funciones normales. Los síntomas positivos (...) incluyen distorsiones del pensamiento inferencial (ideas delirantes), la percepción (alucinaciones), el lenguaje y la comunicación (lenguaje desorganizado), y la organización de comportamiento (comportamiento gravemente desorganizado o catatónico). Estos síntomas positivos incluyen dos dimensiones distintas, que, a su vez, pueden estar relacionadas con mecanismos neurales subyacentes y correlaciones clínicas diferentes: la «dimensión psicótica» incluye el comportamiento y el lenguaje desorganizado. Los síntomas negativos (...) comprenden restricciones del ámbito y la intensidad de la expresión emocional (aplanamiento afectivo), de la fluidez y la productividad del pensamiento y el lenguaje (alogia), y del inicio de comportamiento dirigido a un objetivo (abulia).

Las ideas delirantes (...) son creencias erróneas que habitualmente implican una mala interpretación de las percepciones o las experiencias. Su contenido puede incluir diverso temas (p. ej., de persecución, de autorreferencia, somáticos, religiosos o grandiosos). Las ideas delirantes de persecución son las más frecuentes; la persona cree que está siendo molestada, seguida, engañada, espiada o ridiculizada. Las ideas delirantes autorreferenciadas también son corrientes: la persona cree que ciertos gestos, comentarios, pasajes de libros, periódicos, canciones u otros elementos del entorno están especialmente dirigidos a ella. La distinción entre una idea delirante y una idea sostenida tenazmente resulta a veces difícil de establecer, y depende en parte del grado de convicción con la que se mantiene la creencia, a pesar de las claras evidencias en sentido contrario.

Si bien las ideas delirantes extrañas son consideradas especialmente típicas de la esquizofrenia, la «rareza» puede ser difícil de juzgar, especialmente a través de diferentes culturas. Las ideas delirantes se califican como extrañas sin son claramente improbables e incomprensibles y si no derivan de las experiencias corrientes de la vida. Un ejemplo de una idea delirante extraña es la creencia de que un ser extraño ha robado los órganos internos y los ha reemplazado por los de otra persona sin dejar ninguna herida o cicatriz. Un ejemplo de una idea delirante no extraña es la falsa creencia de ser vigilado por la policía. Generalmente se consideran extrañas las ideas delirantes que expresan una pérdida del control sobre la mente o el cuerpo; éstas incluyen la creencia de que los pensamientos han sido captados por alguna fuerza exterior («robo del pensamiento»), que pensamientos externos han sido introducidos en la propia mente («inserción del pensamiento») o que el cuerpo o los actos son controlados o manipulados por alguna fuerza exterior («ideas delirantes de control»). Si las ideas delirantes son juzgadas como extrañas, sólo se necesita este único síntoma para satisfacer el Criterio A de la esquizofrenia.

Las alucinaciones (…) pueden ocurrir en cualquier modalidad sensorial (p. ej., auditivas, visuales, olfativas, gustativas y táctiles), pero las alucinaciones auditivas son, con mucho, las más habituales. Las alucinaciones auditivas son experimentadas generalmente como voces, ya sean conocidas o desconocidas, que son percibidas como distintas de los pensamientos de la propia persona. Las alucinaciones deben producirse en un contexto de claridad sensorial; las que ocurren mientras se concilia el sueño (…) o al despertar (…) se consideran dentro del abanico de las experiencias normales.[13] Las experiencias aisladas de oírse llamado por el nombre o las experiencias que carecen de la cualidad de una percepción externa (p. ej., zumbidos en la cabeza) tampoco deben considerarse sintomáticas de esquizofrenia ni de cualquier otro trastorno psicótico. Las alucinaciones también pueden ser parte normal de las experiencias religiosas en ciertos contextos culturales. Algunos tipos de alucinaciones auditivas

13 Respecto a este punto, cabe señalar desde este momento, que según FREUD, es en los sueños cuando la consciencia descansa y cuando el inconsciente surge más abiertamente, por lo que las alucinaciones e ideas delirantes son normales durante este estado. Si se compara a los niños y a los esquizofrénicos, éstos tienen los sueños "muy abiertos" al exterior, lo que a su vez, en el esquizofrénico implica una regresión al pasado y se entiende como una regresión, es decir, a un momento primitivo del ser humano, según LOMBROSO. Con esto se puede hilar las teorías a las que se hacen referencia y ofrecer una perspectiva distinta o entrelazada.

(p. ej., dos o más voces conversando entre ellas, o voces que mantienen comentarios continuos sobre los pensamientos o el comportamiento del sujeto) han sido considerados especialmente característicos de la esquizofrenia. (...).

El pensamiento desorganizado (...) ha sido considerado por algunos autores como la característica simple más importante de la esquizofrenia. Debido a la dificultad intrínseca para establecer una definición objetiva del trastorno del pensamiento y puesto que en el contexto clínico las inferencias acerca del pensamiento se basan principalmente en el lenguaje del sujeto, en la definición de esquizofrenia utilizado en este manual se ha puesto énfasis en el concepto de lenguaje desorganizado (...). El lenguaje de los sujetos con esquizofrenia puede presentar diversas formas de desorganización. El sujeto puede «perder el hilo», saltando de un tema a otro («descarrilamiento» o pérdida de las asociaciones). Puesto que la desorganización leve del habla es frecuente e inespecífica, el síntoma debe ser suficientemente grave como para deteriorar la efectividad de la comunicación. Durante los períodos prodrómico y residual de la esquizofrenia puede presentarse una desorganización del pensamiento o el lenguaje menos grave (...).

El comportamiento gravemente desorganizado (...) puede manifestarse en varias formas, que comprenden desde las tonterías infantiloides hasta la agitación impredecible. Cabe observar problemas en cualquier forma de comportamiento dirigido a un fin, ocasionando dificultades en la realización de actividades de la vida cotidiana como organizar la comida o mantener la higiene. El sujeto puede presentarse exageradamente despeinado, vestir de una forma poco corriente (p. ej., llevando varios abrigos, bufandas y guantes en un día caluroso) o presentar un comportamiento sexual claramente inapropiado (p. ej., masturbarse en público), o una agitación impredecible e inmotivada (p. ej., gritar o insultar). (…).

Los comportamientos motores catatónicos (…) incluyen una importante disminución de la reactividad al entorno que, algunas veces, alcanza un grado extremo de falta de atención (estupor catatónico), manteniendo una postura rígida y resistiendo la fuerza ejercida para ser movido (rigidez catatónica), la resistencia activa a las órdenes o los intentos de ser movido (negativismo catatónico), el asumir posturas inapropiadas o extrañas (posturas catatónicas) o una actividad motora excesiva sin propósito ni estímulo provocador (agitación catatónica). Aunque la catatonía ha sido asociada históricamente con la esquizofrenia, el clínico debe tener presente que los síntomas catatónicos no son específicos y pueden ocurrir en otros trastornos mentales (…), en enfermedades médicas (…) y en los trastornos del movimiento inducidos por medicamentos (…).

Los síntomas negativos de la esquizofrenia (…) constituyen una parte sustancial de la morbididad asociada con el trastorno. Tres síntomas negativos —aplanamiento afectivo, alogia y abulia— están incluidos en la definición de esquizofrenia; otros síntomas negativos (…). El aplanamiento afectivo es especialmente frecuente y está caracterizado por la inmovilidad y falta de respuesta en la expresión facial del sujeto, contacto visual pobre y reducción del lenguaje corporal. Si bien, en ocasiones, una persona con aplanamiento afectivo puede sonreír y mostrarse cálida, la mayoría del tiempo el abanico de su expresividad emocional está claramente disminuido. Para determinar si el aplanamiento afectivo es suficientemente persistente para cumplir el criterio, es útil observar al sujeto interactuando con sus prójimos. La alogia (pobreza del habla) se manifiesta por las replicas breves, lacónicas y vacías. El sujeto con alogia parece tener una disminución de los pensamientos que se refleja en un descenso de la fluidez y la productividad del habla. Esto hay que diferenciarlo de la falta de ganas de hablar, un juicio clínico que puede requerir la observación a lo largo del tiempo y de situaciones diferentes. La abulia está caracterizada por una incapacidad para iniciar y persistir en actividades dirigidas a un fin. La persona puede permanecer sentada durante largo tiempo y mostrar poco interés en participar en el trabajo o las actividades sociales.

A pesar de su ubicuidad en la esquizofrenia, los síntomas negativos pueden ser difíciles de evaluar porque ocurren en continuidad con la anormalidad, son relativamente inespecíficos y pueden ser debidos a varios otros factores (p. ej., ser consecuencia de los síntomas positivos, efectos secundarios de la medicina, depresión, hipoestimulación ambiental o desmoralización). Si se piensa que un síntoma negativo es claramente atribuible a cualquiera de estos factores, no debería considerarse a la hora de establecer el diagnóstico de esquizofrenia. Por ejemplo, el comportamiento de un sujeto que tiene la creencia delirante de que va a estar en peligro si sale de su habitación o se habla con alguien puede simular el aislamiento social, la alogia y la abulia. (…).

(…).

La esquizofrenia implica una disfunción en una o más de las principales áreas de actividad (p. ej., las relaciones interpersonales, el trabajo, los estudios o el cuidado de uno mismo) (…). Típicamente, el funcionamiento es claramente inferior al que se habría alcanzado antes del inicio de los síntomas. Sin embargo, si la alteración empieza en la infancia o la adolescencia, más que un deterioro de la actividad puede existir un fracaso en la consecución de los que sería esperable para el sujeto.

(…).

A continuación se explican estos síntomas, (sólo se enumeran los observados durante la labor de enfermería ya mencionada) para su mejor comprensión:[14]

2.1. Conciencia: Estado de Vigilia

Apercepción: percepción modificada de las propias emociones y pensamientos.

Sensorio: estado de funcionamiento de los sentidos específicos.

A) Alteración de la conciencia

1. **Confusión:** trastorno de la orientación respecto al tiempo, al espacio o a la persona. Los psicóticos tienden a estar fuera del tiempo, así como en los sueños no hay tiempo, en lo que es la vida diaria para nosotros; para ellos, no hay tiempo, podrán decir que es el año 1920 cuando en realidad estemos en el 2008. Podrán decir que están en otro país u otro lugar; por ejemplo, podrán relatar que fueron de via-

14 *V.* Freedman, Alfred M., Kaplan, Harold I. y Sadock, Benjamin J., *Compendio de Psiquiatría*, Salvat, Madrid, 1979, pp. 210-221.

je o que aquí no es México sino Europa. Del mismo modo podrán cambiar el nombre a la persona, imaginar que eres otro;

2. **Estupor:** falta de reacción y de conciencia de lo que rodea a la persona. En muchas ocasiones, el paciente no responderá a lo que se le pide, será indiferente o simplemente parecerá que no le hablas a él o ella;

3. **Delirio:** reacción de desconcierto, agitación, confusión y desorientación asociada a miedo y alucinaciones;

4. **Coma:** grado profundo de inconciencia;

5. **Coma vigil:** coma en que los ojos permanecen abiertos;

B) **Trastornos de la atención:** cantidad de esfuerzo dirigida a concentrarse en ciertas partes de una experiencia.

1. **Distractilidad:** incapacidad de concentrar la atención, en muchas ocasiones es muy difícil lograr atraer la atención de los pacientes, podrán concentrarse de manera breve para luego ignorarte; y

2. **Inatención selectiva:** bloqueo de las cosas que originan ansiedad. Se trata de huir a lo que causa incomodidad, aunque esto es muy común en todo tipo de personas; que, ante un hecho desagradable, se bloquea.

C) **Trastornos de la sugestibilidad:** respuesta tolerante y sin críticas a una idea o influencia.

1. ***Folie à deux*:** enfermedad emocional compartida entre dos o más personas. Esto también es conocido como la psicosis compartida, en la que una persona influye en los pensamientos del otro. Pude observar en pacientes como uno platicaba sus delirios a otro y éste los tomaba como si fueran reales o propios.

2.2. Afectividad: Tono de Sensación Emocional

A) **Alteración de la afectividad**

1. **Disociación afectiva:** desacuerdo entre la afectividad y la ideación.

2. **Estados afectivos agradables**

a) **Euforia:** intensa sensación de bienestar psicológico que no concuerda con los acontecimientos aparentes. En ocasiones a la hora del baño, los pacientes mostraban una exagerada emoción por el baño, el agua, el jabón, brincaban, cantaban, se reían, platicaban con el agua;

b) **Júbilo:** aspecto de confianza y alegría asociado con un aumento de la actividad motora;

c) **Exaltación:** intenso júbilo con sentimientos de grandeza. Brincar, gritar, "yo controlo toda la economía", son ejemplos de esto; y

d) **Éxtasis:** sentimiento de intensa pasión hacia algo.

3. **Estados afectivos desagradables**

a) **Depresión:** sentimiento de tristeza; y

b) **Aflicción** (desconsuelo) o luto: tristeza propia de una pérdida real.

4. **Otros estados afectivos**

a) **Ansiedad:** sentimiento de temor debido a conflictos inconscientes. Al escuchar llorar a alguien me acercaba a preguntarle qué le pasaba por lo que me decían que no sabían por qué lloraban, y otros, mencionaban sus temores pero irreales, es decir, cosas que sabía no eran ciertas; por ejemplo, decían que les habían matado;

b) **Miedo:** ansiedad debida a un peligro real y reconocido conscientemente;

c) **Agitación:** ansiedad asociada con agitación motora. El vagabundeo es frecuente, el caminar de un lado a otro, mover las manos, etc.;

d) Tensión con aumento de actividad motora y psíquica, que es desagradable. Hay quienes te dicen que las ideas son cansadas y tratan de reducirlas con actividad;

e) **Pánico:** ataque agudo e intenso de ansiedad asociado con desorganización de la personalidad. Esto es grave, ya que el paciente entra en crisis y puede llegar a inferir alguna lesión dentro de su desorganización;

f) **Apatía:** estado emocional insulso, asociado con desapego o indiferencia. Esto es muy frecuente, la indiferencia, la crueldad de no importar nada;

g) **Ambivalencia:** coexistencia de dos impulsos opuestos hacia la misma cosa, en la misma persona y al mismo tiempo. Odio y amor, desprecio o compañía, mucha inestabilidad;

h) **Despersonalización:** sentimiento de irrealidad relativo a la propia persona o al ambiente que le rodea. "Siento que esto no es real", "Lo que veo no me gusta" y "Es desagradable", son argumentos comunes; y

i) **Agresión:** acción con fines violentos, ésta puede ser verbal o física. Esto es por demás común.

2.3. Conducta Motora: Capacidad de Iniciar una Acción o Descarga Motora, que Afecta los Esfuerzos Básicos de un Individuo Expresados a Través de su Conducta

A) Alteraciones de la conducta motora

1. **Ecolalia:** repetición psicopatológica de las palabras de una persona por otra. Es común que repitan lo mismo que se ha dicho;
2. **Ecopraxia:** imitación patológica de los movimientos de una persona por otra;
3. **Flexibilidad cérea:** estado en el que el paciente mantiene la postura corporal en la que se le ha colocado;
4. **Catalepsia:** estado de inconciencia en el que se mantiene de manera constante una postura inmóvil;
5. **Obedencia automática:** cumplimiento automático de lo sugerido;
6. **Cataplejía:** pérdida temporal del tono muscular y debilidad precipitada por una variedad de estados emocionantes;
7. **Estereotipia:** repetición continua del lenguaje o de actividades físicas;
8. **Negativismo:** oposición frecuente a lo sugerido;

9. **Manierismos:** movimientos involuntarios estereotipados;

10. **Verbigeración:** repetición de palabras o frases sin sentido;

1. **Actividad excesiva**

a) **Hiperactividad:** actividad agitada, agresiva y destructiva;

b) **Tic:** movimientos motores repetitivos; y

c) **Compulsión:** impulso incontrolable de realizar un acto de manera repetida.

   1. **Egomanía:** autopreocupación;
   2. **Erotomanía:** preocupación por el sexo;
   3. **Cleptomanía:** compulsión a robar;
   4. **Megalomanía:** sensación de poder;
   5. **Monomanía:** preocupación por un tema único; y
   6. **Tricotilomanía:** arrancarse los cabellos.

2. **Hipoactividad:** actividad disminuida o inhibición; y

3. **Gesticulación:** actividad simple de imitación (como en la infancia).

2.4. Pensamiento: Flujo de Ideas, Símbolos y Asociaciones Dirigidas a un fin, que se Inician por un Problema o Tarea y Conducen a una Conclusión Orientada hacia la Realidad; Cuando se Produce una Secuencia Lógica, el Pensamiento es Normal

A) Trastornos en la forma del pensamiento

1. **Desrrealismo:** actividad mental que no concuerda con la lógica o la experiencia; y
2. **Pensamiento autista:** pensamiento que gratifica deseos insatisfechos, pero que no tiene en cuenta la realidad.

B) Alteraciones en la estructura de las asociaciones

1. **Neologismos:** nuevas palabras creadas por el paciente;
2. **Ensalada de palabras:** mezcla incoherente de palabras y frases;
3. **Incoherencia:** flujo de pensamientos sin conexión lógica, que dan lugar a una desorganización;
4. **Condensación:** fusión de varios conceptos en uno; y

5. **Respuesta desatinada:** respuesta que no está en armonía con la pregunta realizada.

C) **Alteraciones en la velocidad de las asociaciones**

1. **Fuga de ideas:** verbalizaciones rápidas, de modo que existe un salto de una idea a otra.

D) **Alteraciones del tipo de asociaciones**

1. **Afasia motora:** trastorno del lenguaje debido a una enfermedad orgánica cerebral en el que se conserva la comprensión pero se pierde la capacidad de hablar;
2. **Afasia sensorial:** pérdida de la capacidad para comprender el significado de las palabras o el uso de los objetos;
3. **Afasia nominal:** dificultad en encontrar el nombre correcto de un objeto; y
4. **Afasia sintética:** incapacidad de coordinar palabras en una secuencia adecuada.

E) **Trastornos del contenido del pensamiento**

1. **Delirio:** falsa creencia, que no puede corregirse mediante razonamientos;
   a) **Delirio de grandeza:** concepto exagerado de la propia importancia;
   b) **Delirio de persecución:** falsa creencia de ser perseguido, se observa con frecuencia en pacientes litigiosos;

c) **Delirio de referencia:** falsa creencia de que la conducta de los demás va dirigida a la persona, se refiere a que las demás personas hablan de él;

d) **Delirio de control:** sentimiento falso de que se está controlado por los demás; y

e) **Delirio paranoide:** excesiva suspicacia que conduce a delirios de persecución

2. **Tendencia o preocupación del pensamiento:** concentración del pensamiento sobre una idea particular, asociado con un intenso tono afectivo;
3. **Hipocondría:** preocupación exagerada por la propia salud que no se basa en una patología real orgánica;
4. **Obsesión:** persistencia patológica de un pensamiento, sentimiento o impulso irresistible que no pueden eliminarse de la conciencia por medio de un esfuerzo lógico; y
5. **Fobia:** temor exagerado a un tipo específico de estímulo.

2.5. Percepción: Conocimiento de los Objetos y Relaciones que Siguen a una Estimulación de los Órganos de los Sentidos

A) **Alucinaciones:** percepciones sensoriales falsas que no van asociadas a estímulos externos reales.

1. **Alucinación auditiva:** escuchar sonidos, voces, gritos, ruidos que no están elaborados por el ambiente;
2. **Alucinación visual:** mirar objetos o personas que no están en la realidad;
3. **Alucinación olfatoria:** percibir olores falsos;
4. **Alucinación táctil:** sentir cosas sobre la piel, por ejemplo, arañas;
5. **Alucinación gestatoria:** percibir sabores falsos, por ejemplo, la comida sabe a jabón;
6. **Alucinación cenestésica:** falsa percepción de movimientos o sensaciones, por ejemplo, sentir que hace falta una parte del cuerpo; y
7. **Alucinaciones liliputienses:** percibir objetos en tamaño reducido al real.

B) **Ilusiones:** percepciones sensoriales falsas de estímulos externos reales.

Por ejemplo, había un paciente que constantemente me cambiaba el nombre y me llamaba Daniel, o me veía, se alegraba y me preguntaba por cosas de su familia. Otro paciente, al mirar a una enfermera con su filipina morada, decía que ella era una caja de uvas.

2.6. Memoria: Función por la Cual la Información Almacenada en el Cerebro se Recuerda Después Conscientemente

A) Alteraciones de la memoria

1. **Amnesia:** significa privado de memoria. Incapacidad parcial o total para recordar experiencias pasadas; y
2. **Paramnesia:** falsificación de la memoria por la distorsión del recuerdo.
   a) **Falsificación retrospectiva:** evocación de un recuerdo verdadero, al cual añade hechos falsos; y
   b) ***Déjà vu*:** ilusión de reconocimiento visual, en la que se considera de manera incorrecta una situación como una repetición de un recuerdo anterior.

2.7. Inteligencia: Capacidad de Comprender, Recordar, Movilizar e Integrar de Manera Constructiva el Aprendizaje Anterior, al Enfrentarse con Nuevas Situaciones

A) **Retraso mental:** falta de inteligencia de causa orgánica en un grado que existe interferencia en la realización social y personal; y

B) **Demencia:** pérdida de la función mental progresiva.

Después de explicado lo anterior, ahora habrá que dar paso al sistema inconsciente, poco a poco se irá encontrando la relación entre las líneas anteriores y las próximas.

3. EL SISTEMA INCONSCIENTE

Alberto Tallaferro señala: "en la época en que inició el estudio del material acumulado, advirtió Freud la necesidad de crear un croquis auxiliar para hacer comprensible o estructurar su teoría y al mismo tiempo mantener un orden en la investigación. Creó para esto la 'Metapsicología', estructura hipotética, que le sirvió para ir colocando los elementos de su teoría en un conjunto ordenado".[15]

15 *Cfr.* Tallaferro, Alberto, *Curso básico de Psicoanálisis*, s.e., Paidós, México, 1999, pp. 52 y 53.

"Como no podía encontrar o explicar el origen de los procesos psíquicos sin presumir una función determinada que se cumpliría en un sistema espacial, hizo tal estructuración y concibió ese espacio en que actuarían dinámicamente las distintas potencias psíquicas. Esto, a primera vista, parece algo fantasioso; pero hay que recordar que la mayoría de las teorías científicas siempre tienen algo de fantasioso".[16]

"El Sistema Metapsicológico Teórico de FREUD cumple con estos requisitos. Es una hipótesis de trabajo del aparato psíquico, pero en este caso hipotético no significa que en realidad la mente esté dividida en tres sino que sólo es algo imaginario. Se debe considerar que son fuerzas, cargas energéticas que se desplazan en cierta forma, y que en conjunto forman lo que es: inconsciente, preconsciente y consciente, cada uno de ellos con funciones específicas. Dentro de estos tres campos (...), se considera la existencia de tres instancias o localizaciones, que actúan en distintos planos y que la actividad psíquica son: el 'ello', el 'yo' y el 'súper yo'. El 'yo' y el 'súper yo' tienen una parte dentro del consciente, pero llegan al preconsciente y al inconsciente. El 'ello', en cambio, está totalmente situado en el inconsciente y regido por las leyes de ese sistema".

Lo más característico de la mente es el sistema inconsciente; de hecho, FREUD definió al Psicoaná-

16 Ib.

lisis como: "*la ciencia del inconsciente*". El concepto de inconsciente es en su mayor parte imaginario, en el sentido de que nunca ha sido observado directamente, pero al mismo tiempo es metódico, por el hecho de representar una consecuencia necesaria para explicar, de una manera lógica y sistemática. El estudio de los contenidos del inconsciente permite explicar y demostrar que los actos mentales tienen una causa definida, siguen un propósito y son emocionalmente lógicos. Para Freud los lapsus y el sueño son el mejor camino para llegar al inconsciente.

Difícilmente se podrá dar una definición de algo cuyo origen se desconoce íntimamente, y cuyo conocimiento sólo puede hacerse de un modo indirecto, mediante los datos que nos suministran los sueños, las pruebas proyectivas y el comportamiento. Prácticamente se conoce el inconsciente por su expresión consciente.

Stefan Zweig dice que: "el inconsciente no es un residuo, sino que sólo es una porción mínima alcanzada por la superficie iluminada de la conciencia, esa parte llamada inconsciente está viva y tiene actividad, influye en nuestra vida de manera efectiva sobre nuestros pensamientos y sentimientos".[17]

El inconsciente se puede definir de la siguiente manera: "es la región hipotética de la mente que

17 Ibid., p. 55.

contiene los deseos, recuerdos, temores, sentimientos e ideas cuya expresión queda reprimida en el plano de la conciencia”.[18]

La existencia del inconsciente se puede establecer por el contenido y el modo de actuar. Dentro de los contenidos hay que considerar los equivalentes instintivos y las representaciones de hechos y objetos.

Se entiende por equivalente instintivo a la manifestación psíquica externa de un instinto que se expresa por modificaciones motoras y secretorias que se viven como emociones; es decir, que existen en el inconsciente elementos instintivos que no se presentan como tales sino traducidos al consciente. Un impulso amoroso aparece con todas las modificaciones motoras y secretoras y se vive como una emoción. Un impulso agresivo se traduce y se vive como una emoción colérica. De acuerdo con la definición de Freud, los equivalentes instintivos son las emociones, el elemento que es posible captar a través de las modificaciones de la parte formal del sujeto y que son expresiones de lo que está sucediendo en su inconsciente.

Al modo de actuar del inconsciente se le denomina proceso primario, por ser la primera forma de actuación, la más primitiva del psiquismo. Debe tenerse en cuenta que la teoría psicoanalítica consi-

18 *Cfr. Microsoft Encarta*, “Inconsciente”, *Op. cit.*

dera que los procesos psíquicos son esencialmente inconscientes y que antes de llegar a ser conscientes deben sufrir un complicado proceso, que tiene sus leyes determinantes, reglas de la gramática especial y lógica primitiva que gobiernan este sistema, y que en este caso son las del proceso primario.

En el proceso primario deben considerarse los elementos que actúan, teniendo en cuenta que en el aparato psíquico lo que llega a ser consciente proviene del inconsciente. Es decir, existe una dinámica que, como tal, debe tener reglas que la regulen. Este proceso tiene como finalidad principal la facilitación o satisfacción del deseo y la descarga instintiva; así, va íntimamente asociado con el principio del placer.

Además de lo anterior, el inconsciente tiene modos propios de actuar que constituyen el proceso primario y son:

- **Ausencia de cronología:** en el inconsciente la cronología no existe, como tampoco rige en los sueños. En la vivencia onírica pueden darse casos en que el tiempo y el espacio estén totalmente ausentes. Careciendo de sentido cronológico, el inconsciente no reconoce pasado ni futuro tan sólo un presente. Todas las tendencias son vividas por el inconsciente en el tiempo actual, incluso cuando se refieren a lo pasado o al futuro. Los acontecimientos más lejanos siguen actuando en el inconsciente de un modo invariable con tanta actualidad, como si acabaran de ocurrir;

- **Ausencia de concepto de contradicción:** tampoco el inconsciente tiene un concepto definido de la contradicción. No se opone a la existencia de sucesos antiestéticos; sus elementos no están coordinados y las contradicciones se dan simultáneamente aun cuando sean de signo contrario. Pueden existir un sí o un no, un amor y un odio. Inconscientemente se pueden vivir en forma simultánea sentimientos de odio y de amor, sin que uno de los dos desplace o anule al otro ni siquiera en parte. El inconsciente tampoco sabe decir que no, y cuando necesita dar una negativa debe enunciarla recurriendo a otros elementos;
- **Lenguaje simbólico:** cuando el inconsciente tiene algo que decir, lo expresa en forma primitiva, utilizando símbolos (esto se comprende con mayor detalle al estudiar el proceso de la elaboración de los sueños). El significado del sueño se ha hecho empleando símbolos;
- **Igualdad de valores para la realidad interna y la externa o supremacía de la primera:** la realidad interna tiene el mismo valor como la externa. No puede diferenciar la realidad de la fantasía, significa lo mismo; y
- **Predominio del principio del placer:** el inconsciente se encuentra dominado por el pro-

ceso primario, no puede soportar el displacer, pues las tendencias del inconsciente buscan su satisfacción, sin preocuparse por las consecuencias que ésta pueda provocar. Tal autoridad constituye lo que se denomina predominio del principio placer. Existe en este plano del aparato psíquico un carácter decisivo que es una cualidad general de los instintos y constituye la esencia de los mismos.

Nuevamente Alberto Tallaferro indica que: "dentro del sistema inconsciente es necesario tener en cuenta una porción, una parte del mismo, que se encuentra integrada por elementos de una naturaleza tal que si llegaran a ser conscientes presentarían notables diferencias con los demás. Estos elementos diferentes, que no tienen un acceso libre al sistema consciente, constituyen lo que se denomina: inconsciente reprimido".[19]

Así mismo señala que: "por lo tanto, en el inconsciente pueden considerarse, en forma hipotética, una parte compuesta por elementos que se hallan temporalmente en él y están por consiguiente sometidos a sus leyes, pero que en cualquier momento pueden hacerse conscientes, y por otra, cuyos elementos no pueden aflorar al consciente, pero aun así llegan a producir determinados efectos por vías indirectas, alcanzando la conciencia en forma de síntomas o sueños. Todo lo reprimido tiene que

19 Ibid. p. 60.

permanecer inconsciente, pero no formado por sí solo todo el contenido de este sistema. Lo reprimido es, por lo tanto, una parte del inconsciente: el inconsciente reprimido ha dicho FREUD".[20]

Por su parte, Robert S. FELDMAN considera que: "en general, los elementos del inconsciente son inaccesibles a la conciencia y pueden llegar a ser conscientes sólo a través del preconsciente, que los excluye por medio de la crítica o represión. Las ideas reprimidas pueden alcanzar la conciencia cuando la crítica está dominada, se debilita o es engañada".[21]

El mismo autor opina además que: "el inconsciente está estrechamente relacionado con los instintos. Contiene las representaciones y derivados de los impulsos instintivos, especialmente los derivados del instinto sexual".[22]

Si la personalidad sólo consistiera en deseos y anhelos primitivos e instintivos, tendría exclusivamente la parte inconsciente de la personalidad más primitiva, no organizada e innata, ésta se rige por el principio del placer y es, en suma, el ser primitivo sin frenos.

Además apunta que: "FREUD postuló que el niño, en el momento del nacimiento, es un incons-

---

20 Ibid. pp. 60 y 61.

21 *Cfr.* FELDMAN, ROBERT S., *Op. cit.*, p. 113.

22 Ib.

ciente activo; es decir de impulsos instintivos que buscan gratificación. Sin embargo, el niño no tiene la capacidad de controlar o modificar estos impulsos, y en lo que se refiere a enfrentarse con el exterior, depende completamente del control de otras personas".[23]

FREUD además consideraba que cuando no se supera una etapa, el individuo queda fijado, de esta forma vemos cómo los sujetos quedan fijados en su inconsciente, no logran desarrollar su preconsciente y su consciente y si los desarrollan es de control muy bajo, no logran controlar sus instintos.

4. ESQUIZOFRENIA Y EL INCONSCIENTE DOMINANTE

Después de entender lo característico de la esquizofrenia y del inconsciente, el lector deberá ser muy cuidadoso y observar las similitudes existentes entre ambos y con los ejemplos que se muestran a continuación, también deberá relacionar el relato con los procesos del inconsciente.

Tal vez se puede hablar de víctimas del inconsciente (con referencia a la frase al inicio de este capítulo), ya que la naturaleza se ha vuelto

23 Ibid. p. 116.

en contra de los esquizofrénicos, no los ha dejado evolucionar, ha dejado atrapados en un pasado, ha detenido…

A continuación, se ejemplifican algunas situaciones a la par de los síntomas de la esquizofrenia.

Un ejemplo de ideas delirantes extrañas que se escuchó en alguno de los pacientes era que él era de plástico y que sus órganos fueron extraídos por gente que le quería hacer daño. Al cuestionarle cómo se los extrajeron decía que por el ano le sacaron todo y que ahora es de fierro.

Otro paciente pidió que se le hiciera una observación física y que vieran que él es hermafrodita, que logró ambos sexos por operaciones clandestinas. Dice que en algún momento fue símbolo sexual en su fase de mujer y que después al ser hombre fue un galán. Otro paciente, a la hora del baño dijo: "no me eches agua caliente porque me atrofio el cerebro, mira me pusieron injertos, ya cicatrizaron". Otro ejemplo de estas ideas delirantes extrañas en otro paciente consistía en que él decía que los psicólogos nos insertan en las muelas unos chips que a su vez están conectados al cerebro y por medio de esos chips nos extraen la información que tenemos, ideas y pensamientos, que los psicólogos tienen satélites por los cuales detectan esa información y nos tienen rastreados.

Generalmente, se consideran extrañas las ideas delirantes que expresan una pérdida del control sobre la mente o el cuerpo; éstas incluyen la creencia de que los pensamientos han sido robados por alguna fuerza exterior, que pensamientos externos han sido introducidos en la propia mente o que el cuerpo o los actos son controlados o manipulados por alguna fuerza exterior (ideas delirantes de control); por ejemplo, un paciente decía: "el chino (sobrenombre de otro paciente) dice que me mate, él me hace daño con su radio, me mete cosas malas en la cabeza, me quema el cerebro"; en otras ocasiones ese mismo paciente gritaba groserías y hacía la voz de algún tipo de robot, cuando se le preguntaba qué pasaba, su respuesta era: "no soy yo, es el chino el que me utiliza para decir cosas malas".

Las alucinaciones fueron así bautizadas por ESQUIROL; discípulo de PINEL, alucinación se define como: "las sensaciones que implican el hecho de ver, escuchar, sentir y oler cosas que no son reales y que en muchas ocasiones acosan a los que sufren de ellas".[24]

En relación con el tema central de esta obra, las alucinaciones se definen como proyecciones del inconsciente hacia el exterior; por ejemplo, una mujer desnuda, un monstruo, la voz de alguien, entre otras. En el sueño se tienen alucinaciones de todo tipo; de hecho el sueño en su casi totalidad está formado por alucinaciones, se toman objetos

24 *Cfr.* HIKAL, Wael, *Introducción al estudio de la Criminología y a su Metodología*, Porrúa, México, 2009.

del exterior y se internalizan y transforman en sueños, realizando placeres, viendo a personas que se extrañan o por el contrario, sueños que causan miedo y mortificaciones.

Alguna paciente se acercó y dijo: "ten, son cositas", su mano estaba vacía, eran alucinaciones táctiles de que ella traía tierra en las manos. Esa misma paciente alguna vez estaba discutiendo con una persona y estaba llorando, al preguntarle qué pasaba, dijo: "dile a papá que ya no me moleste", le pregunté el motivo de que su papá la estuviera molestando y dijo que porque había matado a sus niños en fuego y que había una fogata alrededor y se estaban muriendo esos niños ahí dentro. Otra paciente dijo: "aquí en las mañanas hay diez enfermeros desnudos que están esperando a bañarme".

Respecto al lenguaje desorganizado, alguna vez se mostró una caja pequeña a una paciente, esa caja traía letras y se le pidió que leyera lo que decía, para lo que contestó: "caja de pasteles y chocolates, los van a matar a todos si no dejan de molestarme".

Sobre el salto de tema, un paciente platicaba sin un orden en las palabras, brincaba de un tema a otro: "mi hermana tiene dos niñitos y mi cuñado tiene una pistola y mató a un venado y nos lo comimos, yo trabajaba en PEMEX, sacábamos el petróleo, está bonita tu corbata". Otro paciente masculino, desorganizado, causaba mucha extrañeza en sus conversaciones, hacía una mezcla de su carrera (Ingeniero en Química y Sistemas Computacionales), revolvía números, cantidades, su familia, inventaba palabras, cambiaba de nombre.

El comportamiento gravemente desorganizado, había un paciente que movía en extremo las piernas, tal vez sólo las dejaba de mover a la hora de dormir, en otras ocasiones miraba a la nada y al llamársele no respondía a pesar de la insistencia, otras veces había que moverlo porque él no se movía por su voluntad; y además de esto, tenía mutismo.

Después de comprendido lo anterior, en el siguiente capítulo se toca el tema referente a los niños y el comportamiento de los esquizofrénicos. De manera más clara y precisa se explica el trípode niño-inconsciente-esquizofrénico.

SEGUNDA PARTE

CASOS CLÍNICOS DE LOS ENAJENADOS MENTALES

Capítulo III

El Niño ¿Psicótico? y los Adultos Esquizofrénicos

Temario

1. Esquizofrenia tipo infantil.
2. Comportamiento infantil y comportamiento adulto.

1. ESQUIZOFRENIA TIPO INFANTIL

El autismo es un trastorno grave de comunicación y conducta de la infancia que se desarrolla antes de los tres años de edad. El término ha sido utilizado para describir muchos tipos de trastornos mentales, pero el *autismo infantil temprano*, como se denominó en principio en 1943 por el psicólogo infantil Leo KANNER quien describe un conjunto poco frecuente de síntomas. Su incidencia es aproximadamente de unos 4 casos cada 10,000 y los niños autistas superan a las niñas en una proporción de cuatro a una.

El niño autista es incapaz de utilizar el lenguaje con sentido o de procesar la información que recibe del medio. Cerca de la mitad de los niños autistas son mudos; y aquellos que hablan, por lo general sólo repiten de forma mecánica lo que escuchan. El término *autismo* se refiere a su expresión ausente o perdida, aunque la connotación de alejamiento voluntario es inapropiada.

Otras características del autismo son: un patrón de desarrollo desigual, la fascinación por objetos mecánicos, una respuesta ritualizada a los estímulos del medio y una resistencia a cualquier variación del medio.

La causa, el pronóstico y el tratamiento del autismo todavía están en estudio, las investigaciones sugieren que la causa del trastorno es un defecto genético que puede consistir en alguna forma de enfermedad autoinmune o de enfermedad degenerativa de las células nerviosas cerebrales. El tratamiento de elección es la educación especial, un aprendizaje intenso gradual y un control estricto de la conducta del niño. También se están probando tratamientos con fármacos como la Fenfluramina y el Haloperidol. Por lo general, el pronóstico es malo en aquellos niños autistas que permanecen sin hablar pasados los cinco años de edad, los niños que hablan mejoran mucho y algunos de ellos se recuperan.

Se diagnostica esquizofrenia infantil cuando ésta hace su aparición antes de la pubertad, el pronóstico es malo ya que la esquizofrenia infantil se manifiesta a menudo en los niños pequeños en forma de anomalías en su conducta motora y tono en el primer año de vida, deteniéndose su desarrollo durante el segundo o tercer año. El rasgo más notable del autismo es una ausencia de comunicación normal, a menudo no responden al afecto de sus madres ni a algún cariño, no les es posible distinguir claramente entre objetos animados e inanimados y tienen un trastorno de su imagen corporal.

En el contacto más cercano que he tenido con este tipo de trastornos, el individuo se comportaba de manera extraña, te observaba como si fueras un objeto, no respetaba la distancia, jugaba con las personas como si fueran cosas, tomaba lo que deseaba y no mostraba remordimiento al causar algún mal; por ejemplo, un golpe, una mordida, un rasguño, etc., brincaba continuamente y daba vueltas, se estiraba el cabello, se mordía la mano y se golpeaba la cabeza; además, no atendía a su llamado, no obedecía. A la hora del baño, era una maravilla, jugaba con el agua, gritaba, se emocionaba, se quería tomar toda la llave, brincaba y sonreía; pero en general, tenía un marcado desprecio hacia el respeto por los demás, sólo era él lo que existía y lo que debía ser atendido.

Al analizar bien lo anterior, se puede observar que muchas características se comparten con el delincuente nato de Lombroso, ese egocentrismo, la falta de remordimiento, de piedad, el ser cruel, etc.

2. COMPORTAMIENTO INFANTIL Y COMPORTAMIENTO ADULTO

A continuación se hace la comparación de un niño con un paciente esquizofrénico respecto a sus síntomas y sus necesidades, en las necesidades se hace referencia a que por la situación de ambos requieren un trato distinto; además de otras características parecidas.

Los niños abusan de la fantasía, los esquizofrénicos, también, un niño puede hablar y hablar, inventar palabras, brincar de un tema a otro, no entender qué es lo que dice, puede brincar de un lado a otro, patear, reírse solo, puede bailar, inventar pasos de baile, puede decir que hay alguien malo escondido en algún lugar, que alguien le persigue, podrá morirse una y otra vez y siempre sobrevivirá, puede saltar muchos metros y no habrá imposibles para ellos, se puede hacer invisible e invencible y nadie los verá ni los vencerá, podrá ser un *X-Men* o un *Super Man* o tal vez un *Goku* o el más malo de la caricatura, también podrá decir que es de mala o buena suerte algo, podrá comer y comer, exigir comida y no llenar, dar vueltas en su propio cuerpo, caminar de un lado a otro, será grosero, será inestable, explosivo y a veces violento, mentiroso, o callado, bromista, podrá robar, podrá hacer mil cosas y no sentir remordimiento o darle importancia, y todo eso... ¡porque es un niño!

Ahora bien, ¿qué hace un esquizofrénico? exactamente lo mismo. La sociedad acepta el comportamiento de los niños, pero por el contrario, el comportamiento del adulto de esta manera es rechazado, mal visto y de carácter penoso. Esos mismos actos son repetidos 20 años después de la niñez, pero en ese momento son causa de enfermedad mental y en la mayoría de los casos de pérdida de la libertad porque no se puede dejar por la calle a alguien que va brincando, hablando solo, que adopte posturas extrañas a los 20, 30 ó 40 años, que haga muecas, que diga que Dios habla con él, que él es el Presidente, que todos lo quieren matar o que el mira cosas que los demás no ven.

Es difícil cuidar a un niño, y más complicado es tratar con alguien mayor de 20 años con más de 50 kilos de peso con sus comportamientos infantiles. La mayoría de los pacientes psiquiátricos terminan en un Centro en el que los cuiden, ya que la familia es tal vez incapaz de afrontar las situaciones que se dan con un esquizofrénico.

¿Qué hacemos cuando nos enojamos? Señalaban FREUD y LOMBROSO que en muchas ocasiones se usan mecanismos de defensa "primitivos" o se actua de manera "primitiva" para luego pasar a los más elaborados; en un principio se usan las groserías, la agresión, los golpes y después emplear las palabras o los modos más aceptados. El niño y el esquizofrénico actúan de igual manera debido a la inmadurez de ambos, conforme el niño va creciendo adopta nuevas formas de responder, pero el esquizofrénico continúa atrapado y sigue actuando igual.

Se puede hablar de una no evolución si el esquizofrénico es igual que el niño, de una detención en la niñez. Lombroso tenía razón, hay seres que se quedan atrapados en el tiempo, lo mismo aplica para los enfermos mentales. Por su parte Darwin hablaba de la evolución de las especies, sólo los más aptos sobreviven, de esto surgen ciertas preguntas: ¿qué futuro tiene un esquizofrénico?; es decir, un niño grande, ¿cuál será su evolución? los esquizofrénicos son seres que van a depender siempre de alguien que los controle y que los cuide. Parecería que la evolución experimenta con ellos.

Se va a poner un ejemplo, alguna vez me tocó vivir una experiencia parecida a la película "El Exorcista", los eventos que se vivieron eran parecidos a la niña de esa película, con el tiempo se comparó la escena con el berrinche de un niño chiflado; y claro, con la paciente de sexo femenino, esa noche (otra vez de guardia), la paciente presentaba insomnio inicial que después se prolongó a intermedio y final, por lo que se habló con ella varias veces sin tener resultados positivos, ella estaba con verborrea, risa inmotivada, comportamiento gravemente desorganizado durante todo el día, peor acentuándose durante los inicios de la noche y prolongándose a toda ésta. Días anteriores se le había inyectado un tranquilizante que le sirvió para nada y esa noche igual se le administró sin resultado alguno. Lo que se decidió fue sujetarla, se le levantó de su cama para lo cual ella respondía: "no soy psiquiatra", "carne asada", "huevo con chorizo", "¿qué quieres?", cuando se terminó de sujetarla ella retaba, hacía muecas, se agitaba fuertemente, gritaba y decía una buena cantidad de groserías: "pendejo, cabrón, chingas a tu madre", mostraba sus dientes, sacaba su lengua y antes de sujetarle las manos, se bajaba los pantalones y se subía la blusa. Se tuvo que sacar del cuarto y llevarla al patio a un lugar donde estuviera alejada de los demás pacientes a los que no dejaba dormir por sus molestas pláticas, brincaba de un tema a otro y hacía ensalada de palabras.

Lo anterior es igualmente visto en un niño, se tira al piso, se niega a levantarse, se arrastra, grita, hace berrinche, escupe, rasguña, etc., etc.

En el siguiente cuadro se hace una comparación de la similitud de los síntomas y signos de la psicosis, se van a poner las características de un niño y enseguida las conductas de los adultos, pero con el nombre psiquiátrico que recibe, nótese que son exactamente los mismos comportamientos, lo que hace la gravedad es la edad. Se muestran las conductas del niño y éstas son las mismas que realizan los adultos, pero para no ser repetitivo vamos a tomar las mismas características, lo que se muestra dentro del recuadro del adulto son el nombre psiquiátrico que recibe dicha conducta. Aclarando que no están por orden de uno a uno.

Recuadro 2.1.
Esquema Comparativo:
Conductas Niño – Adulto Esquizofrénico

Niño socialmente normal ***vs.*** **Adulto esquizofrénico**	**Nombre que reciben en la adultez las mismas acciones y que representan alteraciones**
• Hablar y hablar (cantar, reírse) • Inventar palabras, dicen tonterías • Brincar sin motivo, correr • Tienen poderes (puede detener la lluvia, mover el Mundo, por ellos existen los demás). Son otros personajes (*Spider Man*, el Presidente) • Comer en exceso • Gritar, fantasear, ser invencible, invisible • Mirar, oler, tocar, escuchar cosas irreales (tiene amigos imaginarios, le hablan, los toca, Dios les habla, la televisión) • Cambiar el nombre a las cosas o a las personas (te llaman por otro nombre, representas otra cosa) • Hay alguien escondido en algún lugar (un monstruo, una persona, una caricatura, un familiar)	• Verborrea • Neologismos • Agitación motriz • Vagabundeo • Alteraciones del habla • Ideas delirantes de tipo de grandiosidad, eteromaniacas, persecutorias, somáticas • Ilusiones • Mutismo • Resistencia a ser movido • Comportamiento araña • Ecolalia • Estereotipia • Fuga de ideas • Euforia • Agitación • Muecas • Flexibilidad cérea • Negativismo • Hiperactividad • Cleptomanía • Mitomanía • Alucinaciones auditivas, visuales, olfativas, táctiles, somáticas

• Alguien le persigue o lo quiere asustar • Morirse y siempre sobrevivir (se mueren en la batalla dentro del juego, los han matado muchas veces en la vida real) • Supersticioso (creencias infantiles extrañas) • Callado (se niega a hablar o no quiere hacerlo por su propia voluntad) • No querer moverse de un lugar (se mantiene congelado, posturas extrañas) • Girar en su propio cuerpo (da vueltas en su cama, juega con sus pies, se comporta como araña) • Repetir lo mismo una y otra vez, brincar de un tema a otro, risas ilógicas • Tienen algo en el cuerpo que los hace diferentes (tienen alas, disparan rayos, tiene alguna herida, son hermafroditas) • El radio, la televisión les habla (El personaje les comunica sucesos) • Muy excitados • Malas caras o caras chistosas • Mantenimiento de una postura inducida por alguien más	• Respuesta desatinada • Hipocondría • Ensalada de palabras • Bloqueos • Sin control de la saciedad • Lenguaje desorganizado • Comportamiento gravemente desorganizado • Aplanamiento • Verbigeración • Autismo • Ambivalente • Ecopraxia • Manerismos • Egomanía • Lenguaje desorganizado

• No obedecer, robar cosas, mentir • Responder algo opuesto a la pregunta (no ponen atención al cuestionador, indiferencia, labilidad) • Fingimiento de una enfermedad (dolor de estómago para no ir a la Escuela, operaciones clandestinas en las que el cerebro fue extraído, los órganos fueron cambiados) • Quiere o rechaza algo • Sacuden sus manos • Piden auxilio y cuidado	

Ahora, refiriéndose a las necesidades, dadas las circunstancias de cada tipo de individuos (niños y adultos), éstos son extremadamente dependientes, aunque ellos no lo reconozcan, necesitan que alguien más se ocupe de sus cuidados, en ocasiones dará lugar a un comportamiento de sumisión, aunque en otras veces podrá originar rebeldía e indiferencia.

Estos comportamientos aparecen en distintos, si no es que en todos los contextos de la vida, tiene dificultades para tomar decisiones; por ejemplo, la ropa, la tarea, es típico que dependan de un familiar que tome la iniciativa de las cosas. En los niños, esta necesidad de que los demás asuman las responsabilidades es apropiado a la edad, en los esquizofrénicos, esta dependencia se da por la situación de enfermedad mental o incapacidad grave, suelen encerrarse tanto en su mundo, en sí mismos que tienen un distanciamiento marcado, sus ideas son únicas y originales.

Los individuos parecen indiferentes a la aprobación o a la crítica de otras personas y no se preocupan por lo que los demás puedan pensar de ellos; además de lo anterior, como ya se ha dicho, tienen distorsiones perceptivas y excentricidades del comportamiento, sus interpretaciones son incorrectas hacia los hechos externos, son supersticiosos, sienten que tienen poderes, realizan rituales mágicos que según niños y esquizofrénicos, influyen en el mundo exterior. Su lenguaje podrá ser raro, así como en las conversaciones podrán tener una falta de atención.

Emplean manierismos, evitan el contacto visual, son manipuladores, su satisfacción debe ser atendida antes que otra cosa, engañan, acostumbran hacer drama para llamar la atención, pueden molestar a los demás con su teatralidad o su exagerada emoción. Extendiéndose más a sus comportamientos compartidos, ambos son unos grandes narcisistas, sus conductas consisten en una necesidad de admiración y falta de empatía, suelen sobrevalorar sus capacidades, creen que por ellos el mundo gira, que ellos controlan todo, exageran sus conocimientos ya que piensan que lo saben todo y que su razón es la lógica, están preocupados por el éxito de sus actos y de sus poderes, acostumbran compararse con personas famosas; por ejemplo, Dios, filósofos, héroes, personajes de caricaturas, etc. Por momentos les caes bien, pero cuando los contradices o no se les da la razón, te conviertes en un enemigo o en un estorbo. Esperan ser atendidos bien y se molestan al no serlo, en muchas ocasiones son ajenos al daño que puedan llegar a causar sus comentarios, pueden llegar a la frialdad emocional y a una falta de interés.

En el aspecto legal, los niños son considerados como inimputables; es decir, que no tienen "la capacidad mental" para hacerse responsables por sus actos; y, los esquizofrénicos también, es importante resaltar las características legales de estos respecto a su inimputabilidad. Al respecto Sara PÉREZ KASPARIÁN apunta: "imputabilidad implica capacidad de entender y querer. La salud mental es un parámetro para suponer que la persona entiende, razona, puede discernir entre el bien y el mal, posee un desarrollo intelectual aceptable de acuerdo a los parámetros fijados por las ciencias médicas, en especial la Psiquiatría Forense, se trata de una persona estructurada mentalmente, por lo tanto tiene madurez en el plano mental".[25]

25 *Cfr*. PÉREZ KASPARIÁN, Sara, *Manual de Derecho Penal*, Porrúa y Facultad de Derecho/Universidad de Anáhuac, México, 2009, p. 73.

Además indica: "la determinación de la inimputabilidad debe ser dictaminada por peritos médicos especialistas, preferentemente en Psiquiatría Forense y puede basarse en la ausencia o falta de desarrollo mental, que pueden ser permanentes, o que pueden ser transtornos transitorios que privan la mente, al momento de perpetrar el delito".[26]

Alejandro Carlos Espinona apunta el concepto de Derecho Penal, al cual le corresponde determinar y desganar lo correspondiente para lo anteriormente señalado: "el conjunto de normas jurídicas del Estado que versan sobre el delito y las consecuencias que éste acarrea, la pena y las medidas de seguridad. Adicionalmente se dice que el Derecho Penal describe las diversas especies de delito, señala las características de toda infracción penal y determina la naturaleza de las penas, así como de las medidas de seguridad, sentando las bases de su magnitud y duración".[27]

El ***Código Penal*** señala que son tres las causas de inimputabilidad: **1)** minoría de edad; **2)** enajenación mental; y **3)** desarrollo mental retardado.

Al analizar lo anterior, causa extrañeza la comparación y justificación que se puede llegar a

---

26 Ibid., p. 74.

27 *Cfr*. E. Alejandro Carlos, Espinona, *Derecho Militar Mexicano*, 3a. ed., Porrúa, México, 2005, p. 12.

dar a los actos (delitos) cometidos por menores y enfermos mentales, que en algunas ocasiones llegan a ser muy violentos y/o muy graves,[28] pero resultan justificados por su estado emocional, así se han conocido pacientes que golpean a sus familiares, los matan, incendian sus casas, violan, entre otros hechos.

Hay historia amplia respecto al tema de la cárcel, los enajenados y los menores, antiguamente se les mantenía revueltos a los tres, no había distinción entre ellos, y no fue hasta que diversos investigadores como HOWARD, PINEL, BENTHAM y LOMBROSO reformaron la ciencia penitenciaria, haciendo una clasificación de éstos y estableciéndolos en los Centros adecuados para su tratamiento. Se desconocen las causas por las cuales el legislador haya tomado este criterio para establecer la inimputabilidad, pero se toma en cuenta que el enfermo mental no tiene contacto con la realidad; a consideración propia, al igual que el niño; claro, un niño de cierta edad, considero que alguien mayor de 14 ya no está en edad para desconocer las consecuencias de sus actos.

Igualmente el individuo con retardo mental es inimputable por la incapacidad para elaborar jui-

28 *V.* GUZMÁN WOLFFER, Ricardo, *Crímenes en estado de emoción violenta*, Porrúa e Instituto Nacional de Ciencias Penales, México, 2007.

cios de sus actos, son actos impulsivos. Los niños y los enfermos mentales internalizan objetos del exterior y juegan con ellos en sus mentes, se hacen interpretaciones erróneas de la realidad, erróneas en los adultos, normales en los niños.

Capítulo IV

Sin Salida: Atrapado en el Inconsciente

Temario

1. El proceso primario presente.
   - **1.1.** La atemporalidad.
   - **1.2.** No aceptación de la contraindicación.
   - **1.3.** Expresión imaginaria.
   - **1.4.** Equivalencia de la realidad interna con la externa.

1. EL PROCESO PRIMARIO PRESENTE

Se va a explicar lo que forma parte del inconsciente y a demostrar lo mejor posible cómo los esquizofrénicos pertenecen al dominio del inconsciente y sus procesos. "*Esquizofrenia, la enfermedad del inconsciente*", ¿por qué del inconsciente? acaso será que en su búsqueda interminable por la satisfacción no le importa incluso acabar consigo mismo; es decir, el inconsciente utiliza el cuerpo para expresarse y para alimentarse, parece que no se da cuenta del deterioro que ocasiona, utiliza a la persona para satisfacer, ejerce poder total sobre el individuo al grado de despersonalizarlo, los esquizofrénicos no tienen juicio de la realidad, no hay tiempo ni lugar, son sólo ellos los que existen.

El inconsciente hace de ellos unos muertos vivientes, son sus víctimas sin darse cuenta que él mismo se destruirá, los seres humanos son víctimas de sus proceso internos y el inconsciente es el victimario. La esquizofrenia significa *mente fragmentada* y en realidad lo está, es una mente quebrada que se busca reconstruir por medio de la terapia, pero cómo hacerlo con alguien que dice ver cosas o que tiene poderes, cómo hacerle entender por medio de la razón cuando el inconsciente no acepta negativas. Al comparar los comportamientos de los pacientes con el inconsciente, se da cuenta que están muy aproximados, no debe haber negativa para ellos y si la hay, siempre habrá una justificante y se sublimará.

Se puede ver cómo el inconsciente interactúa con el exterior por la manera en la que se actúa, pero ese actuar diario viene controlado por los filtros del preconsciente y del consciente; ahora pues, hay sujetos que no controlan sus deseos, lo que ven lo quieren poseer sin importar las consecuencias, ahí está la muestra clara de que son dominados por el inconsciente. Ya se vieron los modos de actuar que constituyen el proceso primario; ahora, se va a ubicar a los esquizofrénicos en cada uno de esos procesos.

1.1. La Atemporalidad

El primero es la ausencia de cronología, así como en los sueños, el tiempo no existe, las cosas se viven en presente. El inconsciente almacena recuerdos durante toda la vida y esos recuerdos son proyectados, incluso varios años después de sucedidos; por ejemplo, el miedo persiste por un período largo aunque la represión oculte de la conciencia la experiencia desagradable, pero la ansiedad brota de repente ya que el material está activo en el inconsciente, amenaza.

El inconsciente se burla de nosotros incluso años después, generando en las personas un complejo autodestructivo. En otro tipo de experiencias, un niño que fue satisfecho de más o de menos, guarda esa experiencia a lo largo de toda la vida. El inconsciente será demandante y esto se proyectará en su conducta.

En los comportamientos infantiles del adulto se expresa la completa ausencia del tiempo, no se comportan delante de la gente, juegan y hacen las cosas que un niño. Los pacientes delirantes internalizan esos elementos del exterior y los traen en repetidas ocasiones a su presente aunque hayan sido del pasado, así los repiten con mucha realidad.

En los más graves, el pasado y el futuro no existen, ocasionalmente podrán asociar un hecho presente con algo del pasado. En diversas ocasiónes se cuestionó qué habían comido y no sabían responder correctamente o daban una respuesta distinta, había algún alimento que se les quedaba fijado y ésa era la respuesta. En otros contextos; por ejemplo, mantener un diálogo, esa plática era olvidada al día siguiente; claro, en los pacientes graves o más deteriorados, el diálogo era olvidado de un día para otro. Al preguntarles la edad, respondían con cantidades muy bajas o muy elevadas, por ejemplo, a un paciente de 55 años aparentemente, respondía diciendo que tenía 200 u otros respondían con edades mucho menores de ellos y de las personas que les rodeaban, no recuerdan el año en el que nacieron y difícilmente recuerdan los nombres de personas.

Sólo comen, duermen y platican, en un año de laboral en ese psiquiátrico, pocos pacientes sabían el nombre de quien los atendía, se dirigían con el nombre de "Doctor" y nada más… platican vagamente algo coherente, sus miradas perdidas te indican un desconocimiento total, son guiados más bien por la rutina, dormir-comer. Incluso si se les cuestiona qué hicieron hace 20 minutos antes lo recuerdan con dificultad. Parecen estar atrapados en un sueño, parecen ser espectadores pasivos, no hay mañana, sólo existe hoy.

1.2. No Aceptación de la Contraindicación

El segundo concepto es el de la ausencia de contradicción. Se explica que no se puede ser dos cosas al mismo tiempo, pero el inconsciente puede hacer creer a la persona que está viva y muerta a la vez, se es espectador y protagonista de la historia, ser humano y animal.

Esto de manera proyectada por los esquizofrénicos se traduce en lo siguiente: "yo soy el Papa y el Presidente al mismo tiempo", "yo soy parte de la historia", "yo soy Dios, dueño del mundo, el presidente y por mí todo lo demás existe", "a mí me han matado electrónicamente por el ano"; al cuestionarle al paciente sobre la frase anterior de que cómo es que sigue vivo, respondió: "por el ano hago popo y esa es la fe que yo tengo y ése es el alimento de Dios".

El esquizofrénico destruye las barreras de la realidad, aunque lo anterior se trata de corregir o eliminar por medio de la realidad o la lógica, ¡para ellos esa es la completa realidad de las cosas! Otra forma de manifestar la ausencia de contradicción es que en ellos existe una inmensa necedad. Se les podrá regañar, negar y se puede entablar una discusión una y otra vez y continuarán insistiendo hasta lograr su objetivo de obtener algo o de imponer sus ideas.

Se les puede vigilar, pero al descuido vuelven a la conducta que ellos desean; por ejemplo, dormir, lo harán a cualquier hora y cuando ellos quieran, y si se les niega, esperan la oportunidad de hacerlo. Otro ejemplo es comer, parece haber ausencia de un control de la saciedad o volviendo a la ausencia de cronología, olvidan el pasado, y el presente les pide comer de nuevo, en otros casos ni siquiera recordarán que deben comer. Cuando la negativa es muy fuerte, ese deseo será sublimado a otro, pero el objetivo es “no dejarse ganar”; es decir, no aceptar la contradicción.

1.3. Expresión Imaginaria

Lenguaje o la expresión simbólica. En los sueños se pueden expresar los deseos no realizados, se puede ser cualquier cosa, volar, comer, tener sexo con esa persona que se desea, somos seres superiores; o por el contrario, tener sueños desagradables, que causen miedo, angustia.

Un deseo se expresa en los sueños con imágenes la realidad de ese momento. Nótese que antes de entrar al sueño completo, se está semidespierto, se puede dar cuenta cómo se comienzan a elaborar fantasías, alucinaciones visuales, auditivas y táctiles. El inconsciente empieza a abrirse para dar salida a los sueños.

Ahora bien, parece que los esquizofrénicos tienen los sueños abiertos, se salen de sus mentes y los proyectan al exterior, recordemos que las alucinaciones son proyecciones del interior; es decir, del inconsciente, al mundo exterior, es sorprendente la realidad con la que se viven esas alucinaciones y los efectos que tienen sobre el individuo.

Estas proyecciones se manifiestan en imágenes, movimientos, voces, olores, cosas que se pueden tocar, entre otras. Esas voces tendrán efectos en el individuo, tal que podría causarle la muerte: "mátate", "házte daño", "soy Dios, métete a bañar", "soy el Demonio" o incluso podrá ser la voz de alguien más y el paciente afirma con seguridad que esa voz le ordena hacer cosas: "él te quiere hacer daño", "te quieren matar", "vé y mátalo tú", "«pláticas»", "vinieron a verte tus familiares".

El inconsciente traiciona, juega con nosotros, hace bromas pesadas que destruyen. Además de las alucinaciones auditivas, están también las visuales: "Dios vino y me habló", "he visto a los Demonios de todo el mundo", "hay mucha gente aquí, díles que se vayan". Hay las táctiles y las olfativas: "la medicina huele a semen", "hay drogas en el patio, las están quemando". Las somáticas: "vino y me cojió", "mírame, traigo algo en mi cuerpo".

Se manejan además las ideas delirantes dentro de un sueño y de ahí que los esquizofrénicos tienen los sueños abiertos, los delirios se manifiestan en la realidad: "yo soy el presidente", "el de la radio es mi novio", "tengo mucho dinero", "me persiguen". Esas ideas penetrantes que se adueñan de los individuos y que son parte de su vida diaria, como dije anteriormente, son normales dentro de esta comunidad psiquiátrica.

1.4. Equivalencia de la Realidad Interna con la Externna

Igualdad de la realidad interna con la externa, con predominio de la primera. Aquí no hay más qué decir. La realidad interna se adueña del individuo y hace de ellos víctimas de este proceso de desrealización.

Las pláticas con esquizofrénicos son difíciles de entender ya que parece que intentan imponer su realidad. En conversaciones con pacientes, me contaban toda una historia muy bien estructurada y a la vez tan extraña, pero que para ellos es tan vívida que parece que ellos tienen su propio minimundo en el que hacen miles de cosas.

Se van a relatar tres historias de distintos pacientes, pero que tienen en común una esquizofrenia paranoide, uno contaba lo siguiente: 1) "Estoy esperando unas viejas, ya les mande llamar telepáticamente y me dijeron que van a venir a las seis, les abres la puerta y las dejas entrar, te van a dar 10 millones de pesos, te quedas con 5 y lo demás lo repartes, es un dinero que se sacaron en la lotería porque yo les dije que se compraran dicho número que las iba hacer ganar y vienen a dármelo porque me las voy a coger, y voy a salir de aquí, ya hablé con la mafia para que no me vayan a matar...". 2) "En las noches viajo por todo el mundo, voy a Rusia, a Roma, voy con el Papa, me da dinero y luego me regreso a EUA y por último a México, toda la noche me la paso cogiendo con unas putas, las rusas te cobran 30 pesos, las americanas 50, por eso duermo todo el día porque ando cansado de estar coge y coge toda la noche…". 3) "Cuando llueve, es Dios que me dice que me meta a bañar y yo le hago caso, porque el me va a coger y no quiere que yo esté sucio, el otro día vino y entró y me habló y me dijo cosas, es un monito así chiquito, pero a veces no me habla".

Los relatos son tan reales para ellos que cuesta trabajo seguir la plática, es increíble cómo se pueden llegar a formar historias tan extrañas.

En un niño estas historias son similares, pero con menor grado de sexualidad o ningún contenido sexual, pero también se viven momentos fantasiosos que para ellos son reales, podrán hacer una historia de que van a la Luna, que vuelan, que son de otro planeta.

Por otra parte, Carl Gustav Jung creó el concepto de inconsciente colectivo, y lo define como: "fondo compartido de recuerdos, ideas y modos de pensamiento". Según el Psiquiatra suizo, tiene su origen "en la experiencia vital de nuestros ancestros y en la de la raza humana en general".

El inconsciente colectivo convive con el inconsciente personal, que almacena el material de la experiencia individual y ha de contemplarse como un inmenso depósito de antigua sabiduría. Las experiencias primarias están representadas en el inconsciente colectivo por arquetipos, símbolos o personificaciones que aparecen en los sueños.

Si se analiza la concepción del inconsciente desde la perspectiva jungiana, se puede notar que se habla de que los individuos conservan en sus mentes grupos de recuerdos y símbolos significativos, pero que a la vez estas antiguas memorias, interactúan con las nuevas experiencias y si logra una adecuada adaptación a la época en la que nacemos, si esto no sucede significa que quedamos atrapados en el pasado, no hay evolución.

Conclusiones

En la construcción de esta obra, se pudo dar cuenta que el inconsciente y sus procesos; la fantasía, la no contrariedad, la atemporalidad, son causantes de diversos trastornos; así por ejemplo, el narcisismo (no aceptación de la contradicción); el trastorno esquizotípico (suspicaz, supersticioso), que parecería estar entre la normalidad y la esquizofrenia, la neurosis (recuerdos no superados presentes de por vida, espera de que ese pasado no superado retorne, ausencia de cronología), paranoia (proyecta sus miedos al exterior, albergar rencores durante mucho tiempo) y la despersonalización o desrealización en la que el sujeto se sale de la realidad o no se siente parte de ella, se observa como un intérprete de su propia vida, como un observador, entre otras.

La esquizofrenia es uno de los trastornos que más deteriora la vida humana, afectan diversas esferas de la vida del ser humano y lo convierten en alguien extraño, distinto para la sociedad, aunque para ellos su realidad es la verdadera, sus juegos, sus muecas, sus delirios, sus proyecciones visuales, son su modo de vida.

Al igual que un niño, las fantasías son el momento actual y lo único que existe. Esto significa una no evolución de la vida, el cuerpo y la mente usan su aspecto primitivo para expresarse, incluso en personas evolucionadas intelectualmente podemos ver un retorno a lo inmaduro, a lo infantil tal vez.

El esquizofrénico es un ser atávico, con una regresión grave a su niñez y a su ser primitivo. Esta obra ha sido finalizada tras un episodio maniaco.

Bibliografía

La bibliografía ha sido dividida en tres partes, la primera en las **Obras Consultadas** que sirvieron para darle respaldo a esta obra; la segunda, en **Otras Fuentes Consultadas**, que ha sido la información extraída de fuentes electrónicas; y la tercera, **Fuentes Electrónicas**, que muestra información valiosa obtenida de la *Web*.

Obras Consultadas

Ángeles Astudillo, Aleyda, *Psicología Criminal, Análisis de las psicopatologías del delincuente para encontrar su perfil en Derecho Penal*, 2a. ed., Porrúa, México, 2007.

Brainsky, Simón, *Manual de Psicología y Psicopatología Dinámica, Fundamentos de Psicoanálisis*, 3a. ed., Áncora, Bogotá, 2003.

Buendía, José, *Envejecimiento y Psicología de la Salud*, Siglo Veintiuno, Madrid, 1994.

Caparrós, Nicolás, *Ser Psicótico, Las Psicosis*, Biblioteca Nueva, Madrid, 2004.

DARWIN, Carlos, *El origen de las especies*, 9a. ed., Porrúa, México, 2004.

DICAPRIO, Nicholas S., *Teorías de la Personalidad*, 2a. ed., McGraw-Hill, México, 1989.

E. Alejandro Carlos, *Derecho Militar Mexicano*, 3a. ed., Porrúa, México, 2005.

FELDMAN, Robert S., *Psicología, con aplicaciones para Iberoamérica*, 2a. ed., McGraw-Hill, México, 1996.

FREEDMAN, Alfred M., KAPLAN, Harold I. y SADOCK, Benjamin J., *Compendio de Psiquiatría*, Salvat, Madrid, 1979.

GOLDMAN, Howard H., *Psiquiatría General*, 5a. ed., Manual Moderno, México, 2001.

GONZÁLEZ VIDAURRI, Alicia y SÁNCHEZ SANDOVAL, Augusto, *Criminología*, 2a. ed., Porrúa, México, 2008.

GARÓFALO, Rafael, *La Criminología, Estudio sobre el delito y la teoría de la represión*, IB de F, Argentina, 2005.

GUZMÁN WOLFFER, Ricardo, *Crímenes en estado de emoción violenta*, Porrúa e Instituto Nacional de Ciencias Penales, México, 2007.

HILGARD, Ernest R., *Introducción a la Psicología*, Tomo I, 5a. ed., Madrid, 1975.

Hikal, Wael, *Introducción al estudio de la Criminología y a su Metodología*, Porrúa, México, 2009.

Ídem., Criminología Psicoanalítica, Conductual y del Desarrollo, Flores Editor y Distribuidor, México, 2009.

Rostros y personajes de las ciencias penales, Instituto Nacional de Ciencias Penales y Academia Mexicana de Ciencias Penales, México, 2003.

Manual diagnóstico y estadístico de los trastornos mentales, Texto revisado (DSM-IV-TR), Elsevier Masson, Barcelona, 2002.

Martínez Támez, Graciela Irma, Cortés Hernández, Dora Elia, Montemayor Flores, Mirna Leticia, Malacara Muñís, Jesús, Argüello Escobedo, Jorge Cruz, Ochoa Bayona , Hilda Cristina, Carrillo Arriaga, José Gerardo, Ramírez López, Laura Elizabeth y Rodríguez López , María Guadalupe, *Manual de teoría, Introducción a la Medicina*, Elsa G. De Lazcano, México, 2007.

Jackson, D., *Etiología de la esquizofrenia*, Amorrotortu, Buenos Aires, 2001.

Kalish, Richard A., *Psicología de la conducta humana*, Vol. 6, Paidós, Buenos Aires, 1978.

OSTROSKY-SOLIS, Feggy, *Mentes asesinas, la violencia en tu cerebro*, QUO, México, 2008.

PÉREZ KASPARIÁN, Sara, *Manual de Derecho Penal*, Porrúa y Facultad de Derecho/Universidad de Anáhuac, México, 2009.

QUIROZ CUARÓN, Alfonso, *Medicina Forense*, 11a. ed., Porrúa, México, 1999.

SARASON, Irwin y SARASON, Bárbara, *Psicología Anormal, El problema de la conducta inadaptada*, 7a. ed., Prentice Hall, México, 1996.

SHAFFER, David F., *Psicología del desarrollo, infancia y adolescencia,* 5a. ed., Internacional Thomson, México, 1999.

SORIA VERDE, Miguel Ángel y SÁIZ ROCA, Dolores (Coordinadores), *Psicología Criminal*, Pearson Prentice Hall, España, 2005.

TALLAFERRO, Alberto, *Curso básico de Psicoanálisis*, s.e., Paidós, México, 1999.

TIEGHI, Osvaldo N., *Criminalidad, ciencia, filosofía y prevención, Revisión histórica y experimental*, Universidad, 2004.

Ídem., *Tratado de Criminología*, 3a. ed., Universidad, 2004.

WOLFF, Werner, *Introducción a la Psicopatología*, Breviarios del Fondo de Cultura Económica, México, 1976.